TISCHLEIN DECK DICH

HERBERT LEUPIN

Eva Maria Lipp

TISCHLEIN DECK DICH

Märchenhafte Rezepte – kinderleicht

av BUCH

Impressum

avBuch im Cadmos Verlag
Copyright © 2016 by Cadmos Verlag, Schwarzenbek
Gestaltung und Satz: r2 | Ravenstein, Verden
Lektorat: Redaktionsbüro Wolfgang Funke, Augsburg

Cover: Ravenstein2.de nach einer Vorlage von Herbert Leupin

Fotos im Innenteil: Miguel Dietrich, Wien

Illustrationen im Innenteil: C.R. Leupin, mit freundlicher Genehmigung der
NordSüdVerlag AG, Zürich

Der Text zu Hänsel und Gretel wurde entnommen aus: Rosemarie Griesbach, Deutsche
Märchen und Sagen. © Max Hueber Verlag, Ismaning, 8. Auflage 1995

Druck: Westermann Druck, Zwickau

Deutsche Nationalbibliothek – CIP-Einheitsaufnahme
Die Deutsche Nationalbibliothek verzeichnet diese Publikation in der Deutschen
Nationalbibliografie; detaillierte bibliografische Daten sind im Internet über
http://dnb.ddb.de abrufbar.

Printed in Germany

ISBN: 978-3-8404-7044-8

INHALT

INHALT

Kinder lieben Märchen! Und Kinder kochen mit Begeisterung und essen sehr gern ihr selbst zubereitetes Essen! Auch in vielen Märchen geht es immer wieder um Essen, um Lebensmittel und ganz besondere Speisen. Was liegt also näher, als das eine mit dem anderen zu kombinieren?

Seit über 20 Jahren arbeite ich mit Lehrern zusammen, um den Kindern den Wert regionaler und saisonaler Lebensmittel und die Grundlagen gesunder Ernährung zu vermitteln. Immer mehr Schulklassen kamen in unsere Frische-Koch-Schule. Aber wir gingen auch direkt in die Schulen, um den Kindern ganz einfache, unverarbeitete Lebensmittel näherzubringen und ihr Geschmacksempfinden zu schulen. So gab es verschiedene Apfelsorten zu verkosten und die Kinder sollten ihre unterschiedlichen Geschmackserfahrungen beschreiben. Oder wir ließen die Kinder 3 unterschiedliche Becher „roten" Fruchtjoghurt probieren und sie sollten erkennen, um welche Frucht es sich jeweils handelt. Das Ergebnis war ernüchternd und immer gleichlautend: Kirsche, Himbeere, Erdbeere – in der Reihenfolge der Farbintensität. Die Lösung war aber, dass es lediglich 3 unterschiedliche Erdbeerjoghurts waren – von verschiedenen Anbietern. Anschließend baten wir die Kinder, die Joghurts noch mal mit geschlossenen Augen zu verkosten und sich dabei ganz auf den Geschmack zu konzentrieren. Diese Übung trug sehr zur Geschmacks- und Bewusstseinsbildung bei.

Anhand dieser vielen gesammelten Erkenntnisse und Erfahrungen und auch durch viel Feedback von den Eltern habe ich mich entschlossen, dieses Buch zu schreiben. Ich möchte den Eltern dabei helfen, gemeinsam mit ihren Kindern so manche Mahlzeit zuzubereiten. Eltern müssen dies natürlich aus Überzeugung wollen und es ihren Kindern anbieten. Und dabei hilft ihnen dieses Buch – Eltern kochen mit ihren Kindern mit Spaß und Freude kinderleichte, märchenhafte Rezepte nach!

Viele Geschmäcke sind erlebbar und vor allem ein Genuss

Wo immer gemeinsam mit Kindern gekocht wird, werden die Kleinen einen großen Schatz an Geschmackseindrücken sammeln, je mehr, desto besser – egal ob bewusst oder unbewusst. Und sie werden die Unterschiede zu Fertigprodukten wahrnehmen, denn selbstverständlich kochen wir nur mit naturbelassenen Lebensmitteln. Die Kinder sollen lernen, wie man mit ihnen umgeht, und auch, wie sich frische Lebensmittel anfühlen.

Eltern sind eingeladen, mit den Kindern zu kochen

Mit Kindern zu kochen zählt zu den wunderbarsten gemeinsamen Erlebnissen überhaupt. Ich freue mich immer wieder über die strahlenden und stolzen Kinderaugen, wenn die Speisen gut gelungen sind und allen schmecken. Es ist unglaublich, wie schön und nachhaltig diese Erfahrungen sind. Daher appelliere ich an alle Eltern, gemeinsam mit ihren Kindern zu kochen: Die Kinder lernen dabei fürs Leben, alle Beteiligten kommen in den Genuss der Speisen und es macht einfach viel Spaß.

Viel Freude und gutes Gelingen beim Umsetzen!
Eure Kinderkochlehrerin und Lebensmittelfreundin

Eva Maria Lipp

ESSEN IST KEINE NEBENSACHE

Vielfach entsteht der Eindruck, dass Essen im Leben vieler Menschen zur Nebensache geworden ist. Auch beim Einkaufen nehmen sich viele nicht einmal mehr die Zeit zu überlegen, was ihnen beispielsweise zum Frühstück wirklich schmecken würde. Oft wird einfach genommen, was gerade im Regal liegt, und dann rasch bezahlt. Das betrifft auch Pausensnacks, die viele den Kindern kurz vor Schulbeginn zustecken.

Die Zahl der Menschen mit Unverträglichkeiten und Allergien gegenüber Lebensmitteln ist im Steigen begriffen. Gerade dies zwingt uns zum sorgfältigen Hinschauen, was wir da gerade essen. Es macht natürlich keinen Sinn, bei jedem Unwohlsein umgehend nach irgendeinem Sündenbock in Form eines Lebensmittels zu suchen. Aber es ist zwingend notwendig, bei einer nachgewiesenen Unverträglichkeit, beispielsweise von Laktose, diese ernst zu nehmen und nach entsprechenden Alternativen zu suchen.

Ich möchte das an einem ganz einfachen Beispiel erklären: Wer ein Dieselauto fährt, tankt kein Benzin, und umgekehrt auch nicht. Das leuchtet jedem ein! Daraus folgt logischerweise, dass wir auch unseren Körper mit den richtigen Nährstoffen betanken müssen, damit er Leistung bringt. Doch wie sieht die Praxis aus? Autos sind technische Geräte und reagieren beim Falschtanken rascher als ein menschlicher Organismus, der lebt und fühlt und spürt. Und wir Menschen können einiges wegpacken, nicht nur einmal, sondern vielfach über Jahre. Daher sind viele Krankheiten nicht umsonst ernährungsbedingt, da sich die Folgen einer falschen Ernährung oft erst nach Jahrzehnten zeigen.

Doch das ist kein Schicksal, und wir haben es durch die Auswahl der richtigen Lebensmittel und die schonende Zubereitung selbst in der Hand, uns und unserer Gesundheit etwas Gutes zu tun.

Naturbelassene Lebensmittel

Die Verwendung frischer, möglichst naturbelassener Lebensmittel ist das A und O der gesunden Küche. Sie sind frei von künstlichen Zusatzstoffen jeglicher Art, sodass der Körper umso besser die wertvollen Inhaltsstoffe der natürlichen Lebensmittel nutzen kann. Möglichst roh genossen, haben naturbelassene Lebensmittel den höchsten Gehalt an wertvollen Inhaltsstoffen, vorausgesetzt, sie wurden reif geerntet, hatten kurze Transportwege und erreichen in kürzester Zeit den Konsumenten – wobei der kürzeste Weg in den eigenen Garten führt. Selbstverständlich dürfen natürliche Lebensmittel auch zubereitet werden. Hier stellt sich dann aber die Frage, ob wir beim Kochen Glutamate oder andere fertige Würzsoßen verwenden wollen oder ob wir mit natürlichen Röstaromen, Kräutern und Gewürzen nicht einen besseren und gesünderen Geschmack erzielen.

Lebensmittel sind Mittel zum Leben

Und dann gibt es noch den Unterschied zwischen sich gesund ernähren und einfach nur satt werden. Kinder stellen ganz besondere Ansprüche an die Ernährung, die ihrem Wachstum gerecht werden soll, sie leistungsfähig macht und die für sie Genuss sein kann und muss. Als Lebensmittel bezeichnen wir natürliche Produkte, die der Ernährung dienen, egal ob landwirtschaftlich produziert oder von der Natur hervorgebracht, beispielsweise Pilze, Kräuter oder Beeren. Saisonale und regionale Lebensmittel sind reich an wertvollen Inhaltsstoffen und haben kurze Transportwege. Sie kommen frisch auf unseren Tisch und die Umwelt wird geschont. Dieser doppelte Nutzen ist ein wunderbarer Gedanke im Hinblick auf die zukünftige Gesundheit und das Lebensumfeld unserer Kinder.

Die Kinder lernen im Jahreslauf eine große Vielfalt an Lebensmitteln kennen und wie man damit umgeht. So zum Beispiel, dass Obst und Gemüse gewaschen werden muss. Sie erleben viele unterschiedlichste Geschmackseindrücke und lernen, saisonal zu essen. Sie machen die Erfahrung, dass der Körper im Sommer Lust auf kühlendes Essen wie Tomaten, Gurken, Beeren usw. hat und dass im Winter dem Körper wärmendes Essen und Nahrhaftes wie Kartoffeln oder Wurzelgemüse guttut. Durch Selbstkochen lernen sie auch den Umgang mit den unterschiedlichsten Lebensmitteln. Sie wissen dann, was roh genossen werden darf, was geschält werden muss, was gekocht werden soll und muss oder wie sich Lebensmittel durch das Garen verändern. Kinder lernen beim Kochen für das ganze Leben.

Küchengeräte begeistern junge Köchinnen und Köche

- Mit einer Küchenwaage lernen Kinder wie man abwiegt und bekommen ein Gefühl für Mengen. Am Beispiel Salz werden sie sehr bald erkennen, dass dies im Verhältnis zu anderen Zutaten immer eine sehr kleine Menge ist.

- Das Handrührgerät beziehungsweise der Küchenmixer erleichtern die Arbeit und ein Teig kann rasch zubereitet werden.
- Ein von Hand betriebenes Rührgerät macht viel Spaß beim Aufschlagen von Rührteig, Sahne oder Cremes.
- Raspeln mit einem Reibeisen ist sehr beliebt. Aber auch das Reiben mit elektrischen Geräten beeindruckt Kinder. Im Beisein von Erwachsenen ist dies alles gefahrlos möglich.
- Elektrogeräte zum Backen von Muffins, Donuts oder Crêpes sind überaus beliebt und mit ihnen können viele Dinge mühelos zubereitet werden.
- Kinder mögen es bunt: Farbige Schneidbretter, Messer, Kartoffelschäler und Pinsel mit farbigen Griffen werden von Kindern beim Arbeiten bevorzugt.
- Das Einschalten des Backofens oder der Kochplatten sollen die Kinder übernehmen, um den Umgang damit zu lernen.

Rezepte immer zuerst lesen

Kinder sind mit voller Begeisterung beim Kochen dabei. Damit aber alle Zutaten in der richtigen Reihenfolge zu den Gerichten kommen, wie es zum Gelingen vorgesehen ist, muss das Rezept zuerst einmal von vorn bis hinten durchgelesen werden. Dies gilt übrigens auch für Erwachsene, die über eine nicht so große Kocherfahrung verfügen. Es erleichtert zudem die Zeiteinteilung und Planung, insbesondere dann, wenn mehrere Gerichte zubereitet werden sollen.

Nun steht dem guten Gelingen nichts mehr im Wege. Los geht's mit dem Zubereiten dieser märchenhaften Gerichte, was wirklich kinderleicht ist. Sofern nicht anders erwähnt, sind alle Gerichte für vier Portionen berechnet.

DORNRÖSCHEN

Schnelle Küche für Langschläfer

Dornröschen

Vor langer, langer Zeit wünschten sich ein König und eine Königin ein Kind, doch auch nach vielen Jahren bekamen sie keins. Eines Tages kam ein Frosch zur Königin in ihr Gemach und versprach ihr, dass ihr Wunsch in Erfüllung gehen werde und sie innerhalb eines Jahres eine gesunde Tochter zur Welt bringen werde. Und der Wunsch des Königspaars ging tatsächlich in Erfüllung, die Königin gebar ein Mädchen. Dieses war so schön, dass der König ein großes Freudenfest ausrichtete, damit alle an dem Ereignis teilhaben konnten. Zu diesem Fest musste er aber auch die 13 weisen Frauen des Landes einladen, damit sie das Kind mit ihren Gaben bedenken konnten. Es war Brauch, dass die weisen Frauen nur von goldenen Tellern essen durften, von denen es im ganzen Königreich aber nur 12 gab. Schließlich kamen der König und die Königin zu dem Schluss, nur 12 weise Frauen einzuladen und die 13. nicht.

Diese weisen Frauen beschenkten die Königstochter mit ihren Wundergaben: Tugend, Schönheit, Reichtum und was man sich als Mensch sonst noch im Leben wünschen kann. Doch noch bevor die 12. weise Frau die Prinzessin beschenken konnte, betrat die nicht eingeladene weise Frau wütend den Saal, um sich dafür zu rächen, dass sie nicht eingeladen worden war. Laut vernehmlich sprach sie einen Fluch aus: Die Königstochter solle sich in ihrem 15. Lebensjahr an einer Spindel stechen und tot umfallen. Ohne die anderen zu beachten, verließ sie das Fest wieder. Daraufhin wünschte sich die 12. Frau, die den Fluch nicht aufheben, aber abmildern konnte, dass die Tochter nicht sterben solle, sondern nur 100 Jahre schlafen müsse.

Der unglückliche König ließ daraufhin alle Spindeln im ganzen Königreich suchen und verbrennen. Doch die Jahre vergingen schnell, und bald feierte die Königstochter ihren 15. Geburtstag. Als sie einmal allein im Schloss war, da ihre Eltern verreisen mussten, nutzte sie die Gelegenheit, das Schloss zu erkunden. Sie entdeckte eine verborgene Wendeltreppe, die sie hinaufstieg, und sie erreichte eine kleine Stube, in der eine alte Frau an einer Spindel saß und einen Faden spann. Das neugierige Mädchen fragte, was sie da mache, und wollte es auch einmal versuchen. Doch kaum hatte sie die Spindel berührt, stach sie sich in den Finger und fiel in einen tiefen Schlaf. Der Fluch hatte sich erfüllt.

Doch auch alle anderen Schlossbewohner fielen in einen tiefen Schlaf, und als der König und die Königin zurückkehrten, war alles still und eine hohe Dornenhecke zog sich rings um das Schloss. Nach vielen Jahren hörte ein Königssohn von seinem Großvater die Sage, dass im Schloss hinter der Dornenhecke eine Königstochter, genannt Dornröschen, nun schon seit hundert Jahren schlafe. Der Königssohn machte sich sofort auf die Reise, um sich den Weg zum Schloss zu erkämpfen und Dornröschen zu sehen. Doch als er das Schloss erreichte, waren die hundert Jahre vergangen und die Dornen verwandelten sich in Blumen. So konnte er ins Innere des Schlosses gelangen. Hier schlief immer noch alles, sowohl Menschen als auch Tiere. Es herrschte vollkommene Stille. Der Königssohn fand das schlafende Dornröschen, gab ihm einen Kuss und es erwachte. Daraufhin erwachte auch der ganze Hofstaat und das Leben kam wieder in Gange. Der Königssohn heiratete Dornröschen, und sie lebten glücklich bis an ihr Lebensende.

GOLDSCHATZSUPPE FÜR PRINZESSINNEN

Käsesmileys in klarer Gemüsebrühe

Zutaten für die Suppe:

60 g Karotten
50 g Sellerie
60 g Lauch
1 Zwiebel
20 ml Rapsöl
1,2 l Wasser
Kräutersalz
5 Pfefferkörner
etwas Muskatblüte

Zutaten für die Käsesmileys:

30 g Butter
1 Eigelb
60 g würzigen Käse,
z.B. Emmentaler
Salz
1 TL Paprikapulver
4 Scheiben Toastbrot

Zubereitung der Brühe:

- Die Karotten und den Sellerie waschen, schälen und in ca. 2 cm große Stücke schneiden.
- Den Lauch gründlich waschen und in Ringe schneiden, die Zwiebel schälen und vierteln.
- Das Öl in einem Kochtopf erhitzen und das vorbereitete Gemüse darin kurz goldgelb anrösten. Dann mit Wasser aufgießen und die Gewürze beifügen.
- Die Suppe aufkochen und dann 2 Stunden leicht wallend köcheln. Durch das langsame Kochen entwickelt sich der gute Geschmack der Suppe, sodass zusätzliches Würzen nicht nötig ist. Diese Suppe ist eine Grundsuppe für Einlagen oder zum Aufgießen von anderen Gerichten.

Zubereitung der Käsesmileys:

- Für die Käsesmileys die Butter und das Eigelb mit dem Handmixer schaumig rühren.
- Den Käse mit einem Reibeisen fein reiben. Käse, Salz und Paprika zur Butter geben und gut verrühren.
- Die Käsemasse gleichmäßig auf die Toastbrotscheiben streichen. Diese auf einem mit Backpapier belegten Backblech bei 200 °C ca. 10 Minuten backen. Dann mit einem Smiley-Ausstecher Gesichter ausstechen und noch warm mit der Suppe in einem tiefen Teller anrichten. Aber Vorsicht: Die Toastsmileys werden in der Suppe sofort ganz weich. Also nach dem Hineinlegen sofort servieren.

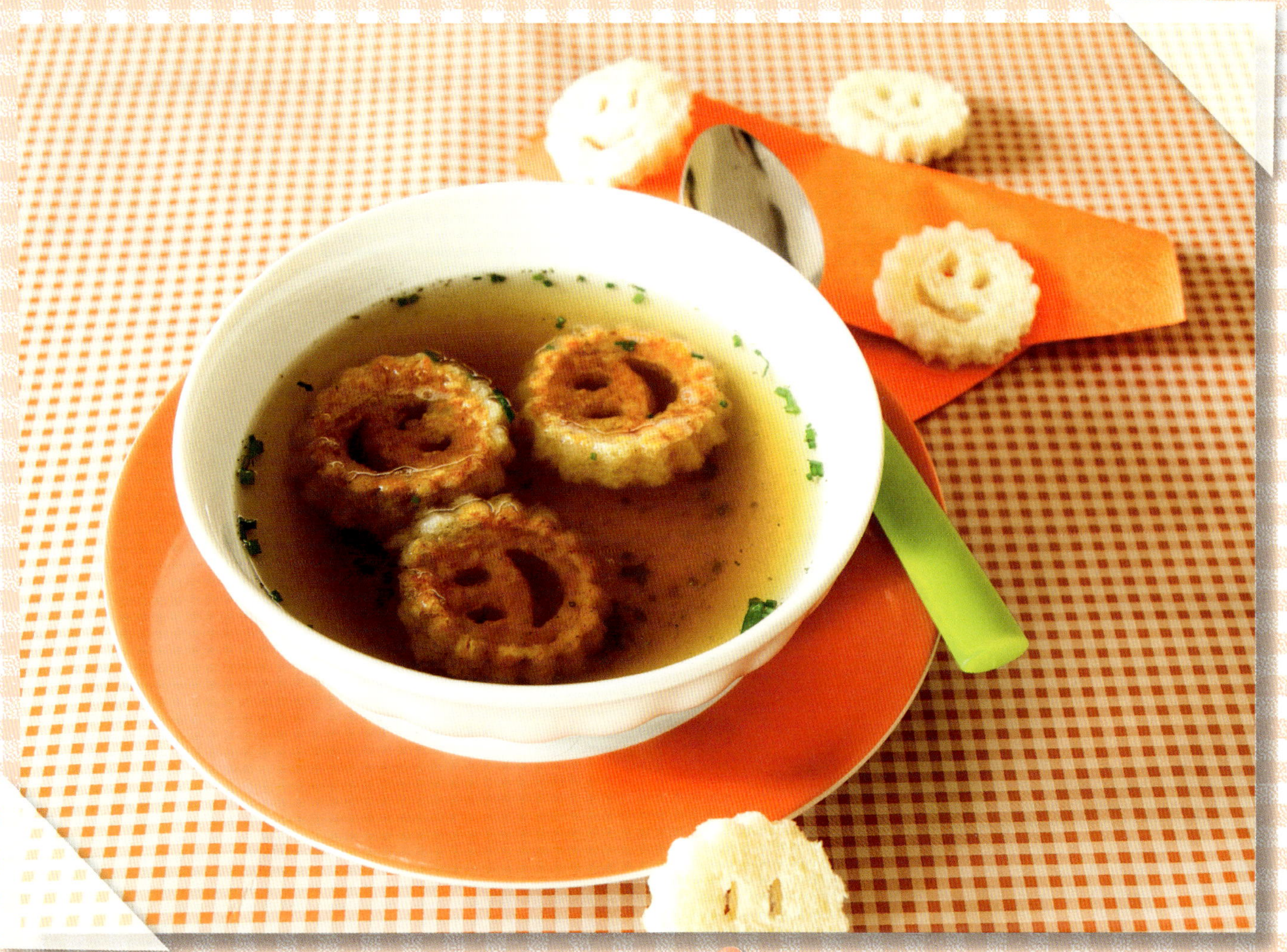

KLARAS TIPP

Gesichter haben für Kinder immer einen Spaßfaktor. Das Ausstechen der Smileys ist deshalb die ideale Arbeit für Kinder. Aber auch das Aufstreichen der Käsemasse beziehungsweise das Reiben von Käse macht ihnen Spaß.

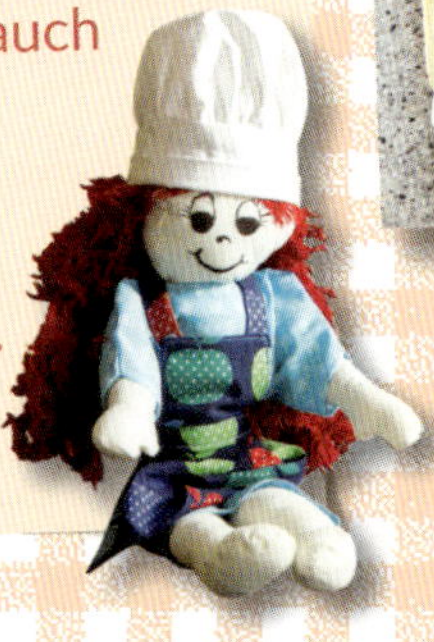

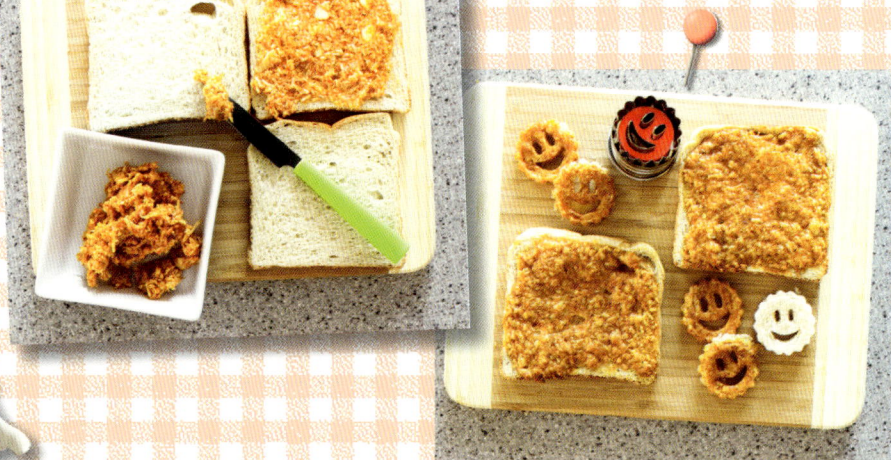

DIE LIEBLINGSSUPPE DES KÜCHENJUNGEN

Sahnige Kürbissuppe mit Spinat-Quark-Klößchen

Zutaten für die Suppe:

300 g mehligkochende Kartoffeln
500 g Kürbisfleisch
100 g Zwiebeln
1 Knoblauchzehe
20 g Butter
800 ml Gemüsefond
Salz, Pfeffer, Muskat
125 g süße Sahne
Zitronensaft

Zutaten für die Klößchen:

60 g frischer Spinat
150 g Dinkelmehl
125 g Magerquark
Salz
1 Ei
100 ml Milch
1 l Wasser

Zubereitung der Suppe:

- Die Kartoffeln waschen, schälen und in kleine Würfel schneiden.
- Den Kürbis wenn nötig schälen, entkernen und in kleine Stücke schneiden.
- Die Zwiebeln und den Knoblauch schälen und fein schneiden.
- Die Butter in einem Kochtopf zerlassen und erhitzen. Die Zwiebeln und den Knoblauch hineingeben und alles goldgelb rösten. Nun die Kürbis- und Kartoffelwürfel dazugeben und 2 Minuten mitrösten.
- Den Gemüsefond aufgießen und die Gewürze dazugeben. Die Suppe aufkochen, Hitze reduzieren und danach gut 20 Minuten köcheln lassen.
- Die Suppe mit einem Stabmixer fein pürieren, die süße Sahne zugeben und unterrühren.
- Mit Zitronensaft würzen, nochmals abschmecken und ganz kurz aufkochen lassen.

Zubereitung der Klößchen:

- Den Spinat putzen, in kochendem Wasser gar kochen und durch ein Sieb streichen oder pürieren.
- Aus Mehl, Quark, Spinat, Salz, Ei und Milch mit einem Kochlöffel oder einem Handmixer einen Teig rühren; den Teig 5 Minuten ruhen lassen.
- Das Wasser in einem flachen Kochtopf aufkochen und salzen. Mit einem TL kleine Klößchen aus dem Teig ausstechen und in das kochende Salzwasser einlegen, zurückschalten und ca. 5 Minuten ziehen lassen, bis die Klößchen obenauf schwimmen. Die Klößchen als Einlage in die warme Kürbissuppe geben.

KLARAS TIPP

Die Kartoffeln sind wesentlich leichter zu schälen und zu schneiden als der Kürbis. Daher ist diese Arbeit neben dem Pürieren der Suppe bestens für Kinder geeignet.

NUDELN NACH PRINZENART

Hausmachernudeln mit Fleisch-Gemüse-Ragout

Zutaten für die Nudeln:

300 g Weizenmehl
3 Eier
4 EL Olivenöl
4 EL Wasser
1 TL Salz
1,5 l Wasser zum Kochen
der fertigen Nudeln

Zutaten für das Ragout:

100 g Karotten
100 g Knollensellerie
100 g Lauch
100 g Zwiebeln
1 Knoblauchzehe
40 ml Olivenöl
400 g gemischtes Hackfleisch
250 ml Rinder- oder Gemüsefond
Salz, Pfeffer
400 g Tomaten
40 g Tomatenmark
2 EL fein gehackte Petersilie
nach Wunsch Parmesan
zum Bestreuen

Zubereitung:

♣ Das Mehl in eine Schüssel sieben und eine Mulde formen. Die Eier in die Mulde schlagen und mit den restlichen Zutaten zu einem glatten, geschmeidigen Teig kneten.

♣ Nun den Teig auf der Arbeitsfläche glatt kneten. Einen Teller mit Mehl bestäuben und den Teig darauflegen; zugedeckt 30–60 Minuten im Kühlschrank ruhen lassen.

Zubereitung des Ragouts:

♣ Die Karotten und den Sellerie schälen und fein raspeln.

♣ Den Lauch waschen und in feine Ringe schneiden.

♣ Die Zwiebeln und den Knoblauch schälen und sehr fein schneiden.

♣ Das Olivenöl in einem Topf erhitzen, die Zwiebeln und den Knoblauch darin kurz anbraten.

♣ Das Gemüse und das Hackfleisch beifügen und 2–3 Minuten mitrösten. Fond angießen und die Gewürze dazugeben.

♣ Die Tomaten kreuzweise anritzen und 3 Minuten in kochendes Wasser legen, herausnehmen und die Haut abziehen. Nun die Tomaten halbieren und die Kerne herauslösen. Das Fruchtfleisch in Würfel schneiden, mit dem Tomatenmark und der Petersilie zum Fleisch-Gemüse-Ragout geben und gut verrühren. Etwas von der Petersilie beiseitestellen. 3 Minuten köcheln lassen, abschmecken. Den Nudelteig in 8–10 kleine Portionen teilen.

♣ Die kleinen Teigstücke in Mehl tauchen und zuerst mit den glatten Rollen der Nudelmaschine zu dünnen Teigblättern ausrollen und auf eine bemehlte Arbeitsfläche legen. Wenn alle Teigblätter vorbereitet sind, werden diese durch die gerillten Rollen zu Bandnudeln oder Spaghetti geschnitten.

♣ 1,5 l Wasser aufkochen und salzen. Die Nudeln einlegen und gar kochen. Danach abgießen und die Nudeln auf Tellern anrichten, Ragout dazugeben und mit Petersilie und Parmesan bestreut servieren.

KLARAS TIPP

Hausgemachte Nudeln können auch ohne Nudelmaschine zubereitet werden, indem der Teig ausgerollt und dann mit einem Teigrad oder einem scharfen Messer geschnitten wird.

DORNRÖSCHEN-GNOCCHI

Feine Gemüsegnocchi

Zutaten für die Gnocchi:

700 g mehligkochende Kartoffeln
150 g Weizenmehl
30 g Weizengrieß
1 Eigelb
1 TL Salz
Pfeffer (weiß)
Muskatnuss (gerieben)

Zutaten für das Gemüsesugo:

100 g Karotten
200 g Zucchini
150 g Zwiebeln
50 g Champignons
100 g gelbe Paprika
400 g Tomaten
30 ml Olivenöl
Salz, Oregano

Zubereitung der Gnocchi:

Die Kartoffeln dämpfen, abkühlen lassen und dann mit einem Tafelmesser oder Gemüsemesser schälen. Dann die Kartoffeln durch eine Kartoffelpresse drücken oder stampfen, damit diese schön fein werden.

Die Masse auf einer Arbeitsfläche verteilen und mit Mehl, Grieß, Eigelb, Salz, etwas Pfeffer und Muskatnuss zu einem Teig verkneten. Etwa 60 Minuten kühl stellen.

In einem großen Topf Salzwasser aufkochen lassen. Dann eine daumendicke Teigrolle formen. Davon etwa 3 cm lange Stücke abschneiden, rundlich formen und mit einer Gabel jeweils längs eindrücken. Die Gnocchi in das kochende Wasser einlegen. Wenn sie aufsteigen, die Hitze reduzieren und noch 2–3 Minuten ziehen lassen. Nun vorsichtig herausheben und abtropfen lassen.

Zubereitung des Gemüsesugos:

Die Karotten und die Zucchini waschen und grob raspeln.

Die Zwiebeln schälen und fein würfeln.

Die Champignons blättrig schneiden, die Paprika ebenso klein schneiden. Die Tomaten in kleine Spalten schneiden.

In einer Pfanne das Öl erhitzen, die Zwiebeln darin kurz anbraten. Danach die Karotten zufügen und einige Minuten mit den Zwiebeln rösten. Tomaten und das restliche Gemüse zufügen, würzen und im eigenen Saft weich dünsten lassen. Die Gnocchi auf den Tellern verteilen und das Gemüsesugo darübergeben.

KLARAS TIPP

Kinder formen mit Hingabe Gnocchi. Allein das Formen der kleinen Teigkugeln und das Flachdrücken mit der Gabel sind schon ein besonderes Küchenerlebnis. Wer es süß mag: Diese Gnocchi kann man auch mit Apfelmus und Zimtzucker servieren.

SPINATSPÄTZLE FÜR KÖNIGSKINDER

Spätzle mit Schinkensoße und Spinatklößchen

Zutaten für die Spätzle:

150 g Rahmspinat (tiefgefroren)
500 g Weizenvollkornmehl
¼ l Milch
2 Eier
Salz

Zutaten für die Béchamelsoße:

20 g Butter
20 g Mehl
200 ml Milch
Salz
Muskatnuss
200 g gekochter Schinken
100 g Emmentaler

Zubereitung der Spätzle:

Den Spinat auftauen lassen.

Das Mehl mit der Milch, den Eiern und dem Salz gut verrühren. Den Spinat dazugeben und alles zu einem schönen homogenen, nicht zu festen Teig verrühren.

Salzwasser in einem großen Topf zum Kochen bringen. Den Teig mit einer Spätzlepresse nach und nach hineintropfen lassen. Kurz aufkochen lassen, wenn die Spätzle an der Oberfläche schwimmen, sind sie gar.

Die Spätzle in kleinen Portionen im Topf aufkochen lassen und mit einem Schaumlöffel abschöpfen und in eine Schüssel mit lauwarmen Wasser geben, damit sie nicht zusammenkleben. Dann abgießen.

Zubereitung der Soße:

Die Butter in einem kleinen Topf schmelzen, das Mehl dazugeben, gut verrühren und in der Butter leicht hellbraun anschwitzen lassen.

Die kalte Milch dazugeben und unter Rühren aufkochen lassen. Etwa 5 Minuten auf kleiner Flamme köcheln, dabei öfter umrühren. Mit Salz und Muskatnuss würzen.

Den Schinken in kleine Würfel schneiden und unter die Béchamelsoße rühren.

Die Spätzle in eine mit Butter bestrichene Auflaufform geben. Die Soße gleichmäßig darübergießen.

Den Käse raspeln und den Auflauf damit bestreuen. Nun alles im vorgeheizten Backofen bei 180 °C 20 Minuten goldbraun überbacken.

KLARAS TIPP

Spätzleteig mit der Reibe ins Wasser tropfen lassen ist eine schöne Arbeit für Kinder. So verstehen sie dann, wie Spätzle entstehen und wie einfach dies geht. Alternativ kann man den Teig auch mit Tomatenmark einfärben.

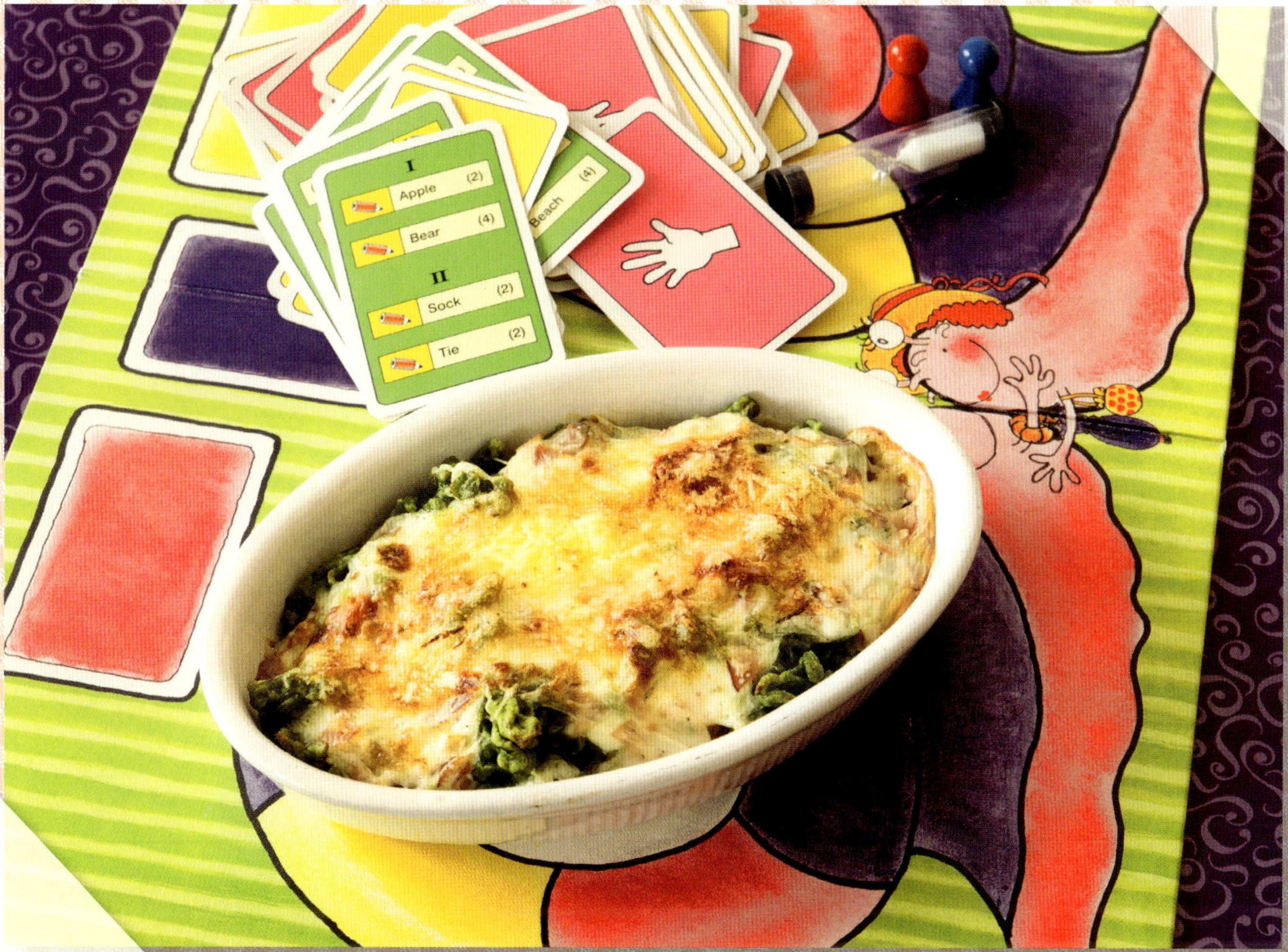
I
Apple (2)
Bear (4)
II
Sock (2)
Tie (2)
Beach (4)

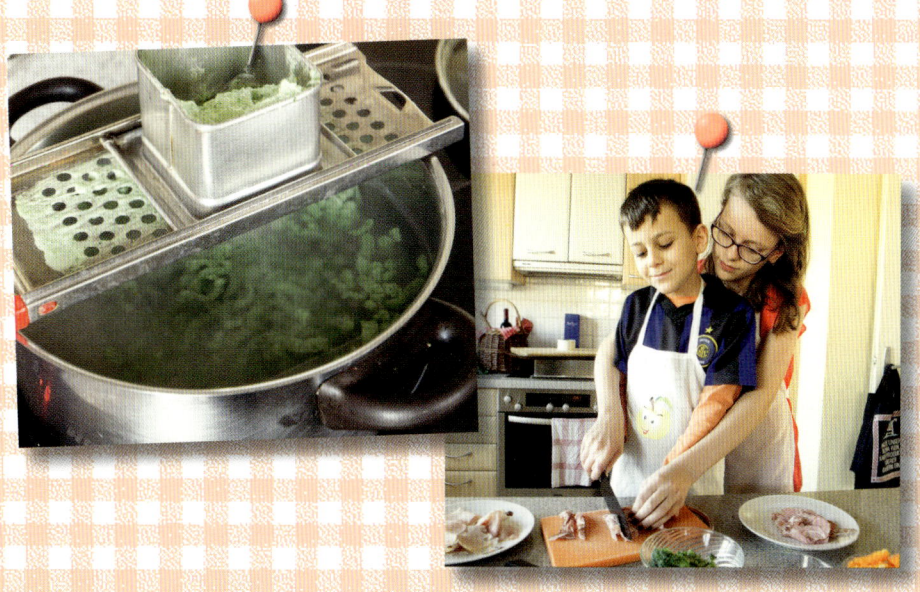

KNÖDELGEHEIMNIS

Kinderleicht gefüllte Kartoffelklöße

Zutaten für die Klöße:

400 g passierte Kartoffeln
40 g weiche Butter
50 g Magerquark
50 g Weizengrieß
100 g Mehl
1 Eigelb
Salz

Zutaten für die Füllung:

50 g Zwiebeln
20 ml Rapsöl
10 g Petersilie
200 g gemischtes Hackfleisch
Salz

Zubereitung:

❀ Die Kartoffeln weich dämpfen und abkühlen lassen. Dann schälen und mit der Kartoffelpresse in eine Schüssel pressen. Weiche Butter, Quark, Grieß, Mehl, das Eigelb und Salz zufügen und alles zu einem mittelfesten Teig verkneten. Durch den Grieß zieht der Teig noch ein wenig an und lässt sich dann gut verarbeiten.

❀ Die Zwiebeln schälen und fein würfeln.

❀ Das Rapsöl in einer Pfanne erhitzen und die Zwiebelwürfel darin hellgelb anbraten. Vom Herd nehmen und abkühlen lassen.

❀ Die Petersilie fein hacken. Mit dem Fleisch in eine Schüssel geben, salzen und gut vermengen. In einem breiten Kochtopf Wasser mit Salz aufkochen.

❀ Den Kartoffelteig auf eine bemehlte Arbeitsfläche geben und zu einer etwa 25 cm langen Rolle ausrollen. Die Rolle in 12 gleich große Teile schneiden und diese zu gleichmäßig dicken Scheiben ausrollen.

❀ Aus der Fleischmasse 12 gleich große Kugeln formen. Auf jede Teigscheibe eine Fleischkugel legen und dann zu einem Knödel formen, bei dem das Fleisch gut eingepackt ist.
Die Knödel ins Wasser legen und so lange ziehen lassen, bis sie an der Oberfläche schwimmen. Dies dauert ca. 15 Minuten.

KLARAS TIPP

Teig kneten und Kugeln formen sind für Kinder beliebte Arbeiten in der Küche. Sie gehen dabei sehr sorgfältig vor.

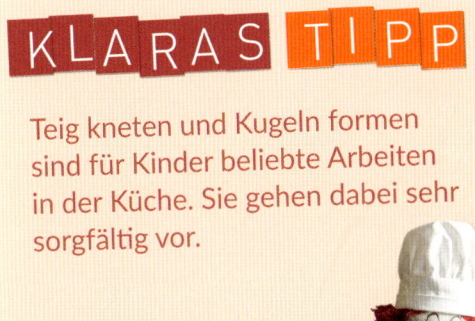

ÜBERRASCHUNGS-FLEISCHBÄLLCHEN

Fleischbällchen mit Gemüse- oder Würstchenfüllung

Zutaten:

100 g Zwiebeln
2 Knoblauchzehen
20 ml Rapsöl
100 g Emmentaler
300 g Hackfleisch, gemischt
1 Ei
50 g Weizenmehl
frische Kräuter, z. B. Schnittlauch,
Petersilie, Basilikum, Majoran
Salz, Pfeffer
Paprika, Zucchini, Essiggurke,
Wiener Würstchen (zum Füllen)

Zubereitung:

Die Zwiebeln und den Knoblauch schälen und fein schneiden.

Das Öl in einer Pfanne erhitzen, Zwiebeln und Knoblauch darin hellgelb rösten. Vom Herd nehmen und gut abkühlen lassen.

Den Käse fein reiben. Das Fleisch mit Ei, Mehl, Käse, den Zwiebeln, Kräutern und Gewürzen vermengen, gut durchkneten oder rühren. Die Masse 10 Minuten stehen lassen.

Das Gemüse in kleine Stücke schneiden. Die Fleischfarce in 8 Portionen teilen, jeweils ein Stück Gemüse oder ein Stück Würstchen darin verpacken und die Masse rundum schließen. Die Fleischbällchen vorsichtig grillen oder in einer Pfanne mit wenig Fett braten.

KLARAS TIPP

Kinder haben vielleicht andere Ideen, womit man das Fleisch füllen kann. Und Kinder haben auch ihre eigenen Vorlieben und Vorstellungen. Lassen Sie die Kleinen einfach experimentieren.

ZAUBERWOK FÜR FEEN

Rindfleisch-Gemüse-Wok

Zutaten:

240 g Rinderfilet
20 g Maisstärke
200 g Brokkoli
100 g Lauch
100 g orange Paprika
100 g Frühlingszwiebeln
50 ml Erdnussöl
Salz, Pfeffer
125 ml klare Gemüsebrühe
125 g süße Sahne
frische Kräuter
(Oregano, Petersilie, Basilikum ...)

Zubereitung:

Das Fleisch in sehr feine Streifen schneiden und in Maisstärke wenden. Die Stücke auf einem Teller in 6 Portionen aufteilen.

Den Brokkoli waschen und in kleine Röschen teilen. Lauch waschen und in Ringe schneiden. Die Paprika waschen, entkernen und in feine Streifen schneiden. Die Frühlingszwiebeln putzen und in Ringe schneiden.

Einen Wok oder eine sehr gute Bratpfanne erhitzen und wenig Öl hineingeben, das sehr heiß werden muss. Die Fleischstücke darin scharf, kurz und beidseitig anbraten, bei Bedarf immer wieder ein klein wenig Öl zugießen. Das Fleisch herausnehmen und auf einen Teller legen.

Den Lauch und die Frühlingszwiebeln in den Wok geben und kurz durchbraten. Dann die Brokkoliröschen und anschließend die Paprikastreifen dazugeben und kurz mitbraten. Das Gemüse salzen und pfeffern und mit klarer Gemüsebrühe und süßer Sahne aufgießen.

Am Schluss die gebratenen Fleischstücke dazugeben und alles gut mischen. 1–2 Minuten durchziehen lassen, abschmecken und mit den Kräutern garniert anrichten.

KLARAS TIPP

Durch das Vorbereiten des Gemüses lernen Kinder, wie sich welches Gemüse anfühlt, welches wie geschält und wie vorbereitet werden kann. Dieses Rezept funktioniert auch mit Hühnchen- oder Schweinefleisch statt Rindfleisch.

DORNRÖSCHENS REISTOPF

Reisfleisch mit Paprik

Zutaten:

400 ml heißes Wasser
200 g Rundkornreis
Salz
100 g Zwiebeln
40 ml Olivenöl
300 g Rinderhackfleisch
Basilikum
Rosmarinnadeln (getrocknet)
2 Knoblauchzehen
10 g Zucker
1 Tasse Wasser
je ½ rote und gelbe Paprika
Salz, Pfeffer

Zubereitung:

🧑‍🍳 Das Wasser mit dem Reis aufkochen und salzen. Auf kleiner Flamme 10 Minuten garen lassen. Danach die Herdplatte ausschalten und den Reis noch 15 Minuten nachziehen lassen.

🧑‍🍳 Inzwischen die Zwiebeln schälen und fein würfeln. Das Olivenöl in einem Topf erhitzen und die Zwiebeln darin goldgelb anrösten. Dann das Fleisch zufügen und gut durchbraten.

🧑‍🍳 Basilikum und Rosmarin fein schneiden. Den Knoblauch schälen und ebenso fein schneiden.

🧑‍🍳 Den Zucker, den gehackten Rosmarin und 1 Tasse Wasser zum Fleisch geben und alles 30 Minuten auf kleiner Flamme kochen lassen. Dabei häufig umrühren, da das Fleisch leicht anbrennt.

🧑‍🍳 Die Paprikaschoten in gleichmäßige kleine Würfel schneiden und zu dem gekochten Reis geben. Alles gut verrühren und auf kleiner Flamme so lange weiterköcheln, bis die Paprika bissfest sind. Vor dem Servieren mit Salz und Pfeffer abschmecken und das geschnittene Basilikum unterheben.

KLARAS TIPP

Zwiebeln schälen und schneiden ist für Kinder eine spannende Erfahrung – auch wenn die Tränen fließen. Sie sind danach sehr stolz, es doch geschafft zu haben.

DAS TAPFERE SCHNEIDERLEIN

Leckere Gerichte für hungrige Helden

Das tapfere Schneiderlein

Es war einmal ein Schneiderlein, das kaufte ein viertel Pfund Mus und bestrich damit sein Brot. Während es fleißig weiternähte und sich schon auf das köstliche Mahl freute, machten sich einige Fliegen daran zu schaffen. Der Schneider nahm den nächstbesten Lappen und erschlug die vorwitzige Gesellschaft. Als sich seine Wut gelegt hatte, betrachtete er das Ergebnis: Da hatte er wahrlich 7 Fliegen gleichzeitig erschlagen! Das sollte die Welt erfahren! Rasch fertigte er sich einen Gürtel an, auf den er gut lesbar die Worte „7 auf einen Streich!" aufstickte. Tollkühner Held, der er nun war, beschloss er, in die Welt zu ziehen und weitere Abenteuer zu vollbringen. Als Wegzehrung steckte er sich einen alten Käse in die Tasche, zu dem sich später noch ein Vogel gesellte, den er auf dem Wege fand.

Schon bald stellte sich dem Schneiderlein ein Riese in den Weg. Der Riese las verwundert die Gürtelaufschrift und dachte, der Schneider habe 7 Kämpfer erschlagen. Um ihn zu prüfen, nahm er einen Stein vom Wegesrand und zerdrückte den mit bloßen Händen. „Tut es mir nach", forderte er das Schneiderlein auf. Das Schneiderlein zog heimlich aus seiner Tasche den Käse und zerdrückte ihn in der Hand. Da nahm der Riese einen zweiten Stein und warf ihn so hoch, dass man ihn mit bloßen Augen nicht mehr erblicken konnte. Drauf zog der Schneider den Vogel aus der Tasche und warf ihn hoch in die Luft, sodass er ihren Blicken entschwand. Zu einer dritten Prüfung lud der Riese ihn zur Nacht in seine Höhle ein. Er wies dem Schneiderlein ein Bett zu; diesem aber schwante Böses, sodass er sich heimlich eine andere Lagerstätte suchte. Und er hatte gut daran getan, denn des Nachts schlug der Riese mit einer großen Eisenstange das Bett des Schneiderleins entzwei.

Das Schneiderlein schlich sich heimlich davon und gelangte an den Hof eines Königs, der ihn sofort in seine Dienste nahm. Aus Angst vor einem solch tapferen Helden baten aber einige seiner bewährtesten Krieger ihn um Entlassung. Der König suchte nach einer Möglichkeit, den vermeintlichen Helden wieder loszuwerden. Er gab ihm zur Aufgabe, 2 Riesen zu töten, und versprach ihm zur Belohnung seine Tochter und das halbe Königreich. Der Schneider zog los und fand die beiden Riesen im Schlaf. Er kletterte auf einen Baum und bewarf einen der Riesen mit Kieselsteinchen, die er sich zuvor in die Taschen gesteckt hatte. So unsanft geweckt, gerieten die Riesen in Streit, schließlich in einen Kampf, bei dem sie einander töteten. Der Schneider kehrte an den Königshof zurück und verlangte seine Belohnung. Doch der König bereute sein Angebot und stellte dem Schneiderlein eine zweite Aufgabe. Er verlangte, dass das Schneiderlein im Wald ein wildes Einhorn einfangen solle. Das Schneiderlein zog also in den Wald und traf bald auf das Einhorn, das wütend umhersprang. Als das Tier auf das Schneiderlein zurannte, um es mit seinem Horn aufzuspießen, sprang der clevere Gesell behände zur Seite und das Einhorn rammte seinen Kopf gegen den Baum, der hinter dem Schneider gestanden hatte, und blieb darin stecken. Das Schneiderlein aber legte dem Einhorn ein Seil um den Hals und führte es zum König. Dieser wollte ihm jedoch noch immer nicht seine Tochter zur Frau geben und verlangte schließlich eine dritte Heldentat. Ein gefährliches Wildschwein trieb im Wald sein Unwesen und hatte den Jägern des Königs schon so manche Verletzung eingebracht. Der König hieß das Schneiderlein das Wildschwein einzufangen. Und wieder konnte das Schneiderlein auf seine pfiffige Weise die Aufgabe lösen, indem es vor dem rasenden Wildschwein schnell in eine nahe gelegene Kapelle lief und aus einem Fenster wieder hinaussprang. Nun musste es nur noch die Tür der Kapelle zuschlagen und das Tier war gefangen, denn das träge Wildschwein konnte ihm nicht durch das Fenster folgen. Schließlich blieb dem König nichts anderes übrig, als ihm seine Tochter zur Frau und ein halbes Königreich dazuzugeben. Nachdem das Schneiderlein auf diese Art zum König geworden war, geschah es eines Nachts, dass seine Frau neben ihm erwachte und ihren Gemahl im Schlaf sprechen hörte. An seinen Worten erkannte sie, dass es sich um einen armen Schneider handeln musste. Als sie dies dem König berichtete, wurde beschlossen, den Schneider zu töten. Doch ein Angestellter des Königs warnte den Schneider, sodass er sich durch einen letzten Trick aus der großen Gefahr retten konnte. Er ging wie gewöhnlich mit seiner Frau zu Bett und stellte sich schlafend. Seine Frau, die Königin, schlich sich daraufhin aus dem Bett, öffnete die Tür und legte sich wieder nieder. Das Schneiderlein, das wusste, dass draußen vor der Tür die Soldaten des alten Königs darauf lauerten, ihn totzuschlagen, begann wie im Traume zu reden. „Ich habe 7 auf einen Streich erschlagen, 2 Riesen getötet, 1 Einhorn gezähmt und 1 Wildschwein eingefangen! Warum sollte ich also Angst vor denen haben, die draußen vor der Kammer warten?" Da bekamen die Soldaten große Angst, flohen hinaus, und fortan wagte keiner mehr, das Schneiderlein anzurühren. Und so blieb es bis an sein Lebensende ein heldenhafter König.

SCHNEIDERLEINS KARTOFFELLAIBCHEN

Kartoffelbällchen mit buntem Gemüse

Zutaten:

600 g mehligkochende Kartoffeln
80 g Emmentaler
80 g Weizenmehl oder
Weizenvollkornmehl
250 g Magerquark
2 Eier
10 g Petersilie
Kräutersalz
Muskat
750 g buntes Gemüse wie Paprika,
Karotten, Zucchini, Champignons,
Brokkoli ...
20 g Schnittlauch
Kräutersalz
100 g Sauerrahm

Zubereitung:

Die Kartoffeln kochen und abkühlen lassen. Danach schälen und durch eine Kartoffelpresse drücken oder mit einem Reibeisen fein reiben.

Den Käse fein raspeln. Mit Mehl, Quark, Eiern, Petersilie und Gewürzen zu den Kartoffeln geben und rasch von Hand zu einem Teig verkneten.

Ein Backblech mit Backpapier belegen. Dann mit einem kleinen Eisportionierer Teigkugeln ausstechen und auf das Backblech setzen. Alles im vorgeheizten Backofen bei 160 °C ca. 20–25 Minuten goldbraun backen.

In der Zwischenzeit das Gemüse je nach Art schälen, putzen, schneiden und im Dampfgareinsatz oder im Dampfgarer 5–8 Minuten dämpfen.

Für die Schnittlauchsoße die Schnittlauchröllchen fein schneiden und mit dem Kräutersalz zum Sauerrahm geben, gut verrühren und abschmecken. Die fertigen Plätzchen mit dem Gemüse und der Soße noch warm servieren.

KLARAS TIPP

So ein Eisportionierer ist immer spannend für Kinder. Dass dieser aber auch für andere Speisen als für Eis verwendet werden kann, wird die Kinder überraschen. Also einfach einmal ausprobieren lassen.

Das tapfere Schneiderlein

GEHEIMNISVOLLE PRINZESSINNENTÄSCHCHEN

Überraschungstäschchen von der Kartoffel

Zutaten für den Teig:

125 g kalte Butter
150 g Weizenvollkornmehl
100 g Weizenmehl
250 g Magerquark
Salz

Für die Füllung:

500 g mehligkochende Kartoffeln
150 g Beinschinken
150 g rote Zwiebeln
1 Ei
20 g Weizengrieß
etwas Muskat
Salz
1 EL Kräuter
1 Ei zum Bestreichen

Zubereitung:

Die kalte Butter mit einem Messer in kleine Würfel schneiden. Mit den Mehlen, dem Quark und Salz zu einem geschmeidigen Teig verkneten und in Folie verpackt im Kühlschrank ca. 20 Minuten ruhen lassen.

Für die Füllung die Kartoffeln kochen und etwas abkühlen lassen, schälen. Noch warm durch eine Kartoffelpresse passieren.

Fleisch oder Beinschinken fein würfeln. Die Zwiebeln schälen und ebenso feinwürfelig schneiden. Alle Zutaten für die Füllung in einer Schüssel gut verrühren und würzig abschmecken.

Den Teig auf ein wenig Mehl ca. 3 mm dick ausrollen und runde Formen (Durchmesser ca. 10–12 cm) ausstechen, dann jeweils einen kleinen EL Füllung in die Mitte geben. Den Teig zusammenklappen und die Ränder mit der Gabel zusammendrücken.

Die Kartoffeltaschen auf ein mit Backpapier belegtes Backblech legen und mit gut geschlagenem Ei bestreichen. Im vorgeheizten Backofen bei 200 °C ca. 15 Minuten goldbraun backen.

KLARAS TIPP

Kinder kneten sehr gern Teige. Sie füllen diese und bestreichen mit Begeisterung alles mit dem Ei. Die Taschen können auch süß gefüllt werden. Wird Marmelade verwendet, müssen die Ränder gut zusammengedrückt werden, damit nichts ausläuft.

WRAPS FÜR HUNGRIGE HELDEN

Selbst gemachte Wraps mit Gemüse

Zutaten für den Teig:
500 ml Milch
4 Eier
150 g Weizenmehl
150 g Maismehl
Salz
Rapsöl zum Backen

Zutaten für die Füllung:
200 g gemischtes Hackfleisch
20 ml Rapsöl
Salz, Pfeffer
100 g Zwiebeln
150 g Tomaten
100 g gelbe Paprika
1 kleiner Salatkopf
100 g Emmentaler
frische Kräuter (Schnittlauch,
Petersilie, Basilikum)
125 ml Sauerrahm

Zubereitung:

Die Milch und die Eier mit einem Schneebesen sehr gut verquirlen. Danach Mehl und Salz beifügen und gut verrühren, sodass sich keine Klumpen bilden. Den Teig eine halbe Stunde ziehen lassen.

In einer beschichteten Pfanne wenig Öl erhitzen, einen kleinen Schöpflöffel Teig eingießen und über die gesamte Bodenfläche der Pfanne fließen lassen. Eine Seite hellbraun durchbacken, den Pfannkuchen wenden und die zweite Seite auch hellbraun backen.

Für die Füllung das Hackfleisch in Öl braten und mit Salz und Pfeffer würzen.

Die Zwiebeln schälen und fein würfeln. Tomaten und Paprika ebenso in kleine Würfel schneiden. Den Salat waschen und in Streifen schneiden, den Käse feinreiben.

Für die Soße die Kräuter fein schneiden und gut mit dem Rahm verrühren. Zum Anrichten gibt man auf die heißen Pfannkuchen etwas Fleisch, geriebenen Käse und das Gemüse. Etwas Soße darübergeben und die Pfannkuchen eingerollt sofort servieren.

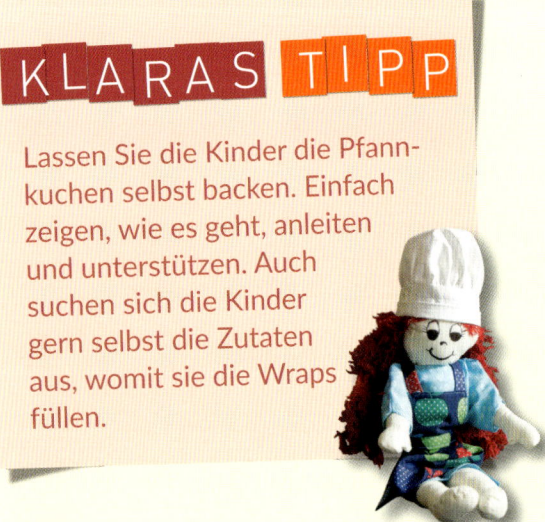

KLARAS TIPP

Lassen Sie die Kinder die Pfannkuchen selbst backen. Einfach zeigen, wie es geht, anleiten und unterstützen. Auch suchen sich die Kinder gern selbst die Zutaten aus, womit sie die Wraps füllen.

HACKBRATEN NACH RIESENART

Gefüllter faschierter Braten

Zutaten:
100 ml Milch
2 Eier
100 g Weißbrotwürfel
100 g Zwiebeln
20 ml Rapsöl
3 mittelgroße Karotten
3 Eier
400 g Hackfleisch, gemischt
40 g Weizenmehl
Salz
20 g Weißwurstsenf
½ TL Oregano
2 Wiener Würstchen
2 Frühlingszwiebeln

Zubereitung:
🍳 Die Milch mit den Eiern gut verquirlen und über die Weißbrotwürfel gießen, umrühren und 20 Minuten durchziehen lassen.

🍳 Inzwischen die Zwiebeln schälen und in kleine Würfel schneiden. Das Öl in einer Pfanne erhitzen und Zwiebeln darin goldgelb braten.

🍳 Die Karotten in wenig Wasser bissfest garen und nach dem Abkühlen schälen.

🍳 Die Eier in 10 Minuten hart kochen, mit kaltem Wasser abschrecken und nach dem Abkühlen schälen.

🍳 Wenn die Weißbrotwürfel weich sind, werden das Hackfleisch, das Weizenmehl und die Gewürze dazugegeben und alles gut verrührt bzw. verknetet.

🍳 Die gewürzte Fleischmasse auf Backpapier zu einer Fläche von 25 x 25 cm ausrollen. Darauf werden die Wiener Würstchen, die hart gekochten Eier, die geschälten Karotten und die Frühlingszwiebeln gelegt.

🍳 Die Fleischmasse samt der Füllung mit dem Backpapier einrollen.

🍳 Den Braten mit dem Backpapier auf ein Backblech legen und bei 180 °C im Backofen ca. 40 Minuten backen. Den Backofen ausschalten und den Braten mit einer Alufolie abgedeckt 15 Minuten ruhen lassen. Danach aus dem Ofen nehmen und in Scheiben geschnitten servieren. Dazu gibt es Gemüse oder Kartoffeln.

KLARAS TIPP

Fleischmasse kneten und mit den Zutaten belegen sind genau die richtigen Arbeiten für Kinder. Die Füllung richtet sich ganz nach den Vorlieben der Kinder. Es geht auch mit Schinkenscheiben, Käse oder Gemüsescheiben.

SIEBEN-AUF-EINEN-STREICH-PFANNKUCHEN

Bunte Gartenpfannkuchen

Zutaten für die Pfannkuchen:

250 ml Milch
2 Eier
150 g Weizenmehl
(auch Weizenvollmehl)
Salz
Öl zum Backen

Zutaten für die Füllung:

300 g Gemüse (Erbsen, Karotten,
Mais, Paprika, Brokkoli …)
20 g Butter
20 g Mehl
250 ml Milch
Kräutersalz
1 Prise Muskat
100 g Emmentaler

Zubereitung:

Milch und Eier mit einem Schneebesen sehr gut verrühren, dann das Mehl und das Salz zugeben und gut vermengen. Den Pfannkuchenteig eine halbe Stunde ziehen lassen.

In einer Pfanne wenig Öl erhitzen, einen kleinen Schöpfer Teig eingießen und über die gesamte Bodenfläche der Pfanne fließen lassen. Eine Seite hellbraun durchbacken, dann umdrehen und die zweite Seite auch hellbraun backen.

Das Gemüse putzen und im Dampfgarer oder in einem Dampfgareinsatz bissfest garen. Danach klein schneiden.

Die Butter in einem Kochtopf zerlassen, das Mehl zugeben und goldgelb anschwitzen. Mit der kalten Milch aufgießen und mit einem Schneebesen gut verrühren, damit keine Mehlklumpen entstehen. Kurz aufkochen lassen und würzen.

Das gegarte Gemüse zugeben und mit Muskat und Kräutersalz würzig abschmecken.

Die Pfannkuchen zur Hälfte mit der Füllung bestreichen und zusammenklappen. Danach vierteln und in eine gebutterte Auflaufform legen.

Den Käse fein reiben und darüberstreuen. Bei 170 °C im Backofen ca. 20–25 Minuten überbacken, bis der Käse schön hellbraun ist. Danach Portionen herausstechen und anrichten.

KLARAS TIPP

Wenn Kinder sehr gern Spinat essen, kann dem Pfannkuchenteig etwas Rahmspinat zugefügt werden. Die Pfannkuchen zu backen ist die Arbeit der Kinder.

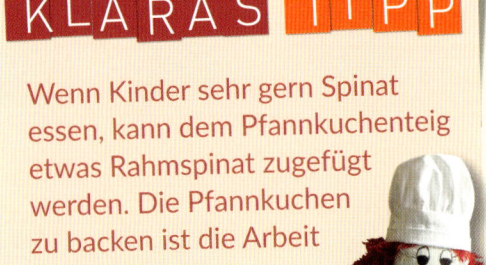

LISA

MAX

Das tapfere Schneiderlein

SCHNEIDERLEINS KNUSPERHUHN

Selbstgemachte Hähnchennuggets

Zutaten:

4 Hähnchenbrustfilets oder
kleine Stücke vom Hähnchen
Salz
200 g Weizenmehl
2 Eier
200 g Weißbrotbrösel
Öl zum Backen
Zitronenscheiben zum Garnieren

Zubereitung:

🐾 Die Hähnchenbrustfilets oder Hühnerteile in mundgerechte Stücke schneiden und leicht salzen.

🐾 Für die Panade Mehl, Eier und Brösel jeweils getrennt in Suppenteller geben. Die Eier leicht salzen und gut verquirlen.

🐾 Die Fleischteile zuerst in Mehl wenden. Danach ins Ei geben und rundum damit benetzen. Anschließend gut in den Bröseln wälzen und diese von außen etwas andrücken.

🐾 Die panierten Fleischstücke in heißem Fett schwimmend bei mäßiger Temperatur 10 Minuten goldbraun herausbacken. Auf Küchenkrepp abtropfen lassen und mit Zitronenscheiben garniert servieren.

KLARAS TIPP

Die Kinder sollen auf jeden Fall beim Panieren helfen und das Gefühl der verklebten Finger erleben. Wird den Bröseln etwas Parmesan zugefügt, ergibt sich eine wunderbare neue Geschmackskomponente.

ROTKÄPPCHEN

Großmutters Leibspeisen und andere
märchenhafte Gerichte

Rotkäppchen

Es war einmal ein kleines süßes Mädchen, das hatte jedermann lieb, der es nur ansah, am allerliebsten aber seine Großmutter, die wusste gar nicht, was sie alles dem Kinde geben sollte. Einmal schenkte sie ihm ein Käppchen von rotem Samt, und weil ihm das so wohl stand und es nichts anderes mehr tragen wollte, hieß es nur das Rotkäppchen. Eines Tages sprach seine Mutter zu ihm: „Komm, Rotkäppchen, da hast du ein Stück Kuchen und eine Flasche Wein, bring das der Großmutter hinaus; sie ist krank und schwach und wird sich daran laben. Mach dich auf und lauf nicht vom Wege ab, sonst fällst du und zerbrichst das Glas, und die Großmutter hat nichts.

„Ich will schon alles richtig machen", sagte Rotkäppchen zur Mutter. Wie nun Rotkäppchen in den Wald kam, begegnete ihm der Wolf. Rotkäppchen aber wusste nicht, was das für ein böses Tier war, und fürchtete sich nicht vor ihm. „Guten Tag, Rotkäppchen!", sprach er. „Schönen Dank, Wolf!" – „Wo hinaus so früh, Rotkäppchen?" – „Zur Großmutter." – „Was trägst du unter der Schürze?" – „Kuchen und Wein. Gestern haben wir gebacken, da soll sich die kranke und schwache Großmutter etwas zugutetun und sich damit stärken." – „Rotkäppchen, wo wohnt deine Großmutter?" – „Noch eine gute Viertelstunde weiter im Wald, unter den drei großen Eichbäumen, da steht ihr Haus, sagte Rotkäppchen. Der Wolf dachte bei sich: Das junge, zarte Ding, das ist ein guter Bissen, der wird noch besser schmecken als die Alte. Du musst es listig anfangen, damit du beide schnappst.

Rotkäppchen sah, wie die Sonnenstrahlen durch die Bäume hin und her tanzten und alles voll schöner Blumen stand, dachte es: Wenn ich der Großmutter einen frischen Strauß mitbringe, der wird ihr auch Freude machen; es ist so früh am Tag, dass ich doch zu rechter Zeit ankomme, lief vom Wege ab in den Wald hinein und suchte Blumen. Und wenn es eine gebrochen hatte, meinte es, weiter hinaus stände eine schönere, und lief danach und geriet immer tiefer in den Wald hinein. Der Wolf aber ging geradewegs nach dem Haus der Großmutter und klopfte an die Tür. „Wer ist draußen?" – „Rotkäppchen, das bringt Kuchen und Wein, mach auf!" – „Drück nur auf die Klinke!", rief die Großmutter. „Ich bin zu schwach und kann nicht aufstehen." Der Wolf drückte auf die Klinke, die Tür sprang auf und er ging, gerade zum Bett der Großmutter und verschluckte sie. Dann tat er ihre Kleider an, setzte ihre Haube auf und legte sich in ihr Bett.

Rotkäppchen aber war nach den Blumen herumgelaufen, und als es so viel zusammenhatte, dass es keine mehr tragen konnte, fiel ihm die Großmutter wieder ein und es machte sich auf den Weg zu ihr. Es wunderte sich, dass die Tür aufstand, und wie es in die Stube trat, so kam es ihm so seltsam darin vor, dass es dachte: Ei, du mein Gott, wie ängstlich wird mir es heute zumut und bin sonst so gern bei der Großmutter! Es rief: „Guten Morgen!", bekam aber keine Antwort. Darauf ging es zum Bett und zog die Vorhänge zurück. Da lag die Großmutter und hatte die Haube tief ins Gesicht gesetzt und sah so wunderlich aus. „Ei, Großmutter, was hast du für große Ohren!" – „Dass ich dich besser hören kann!" – „Ei, Großmutter, was hast du für große Augen!" – „Dass ich dich besser sehen kann!" – „Ei, Großmutter, was hast du für große Hände!" – „Dass ich dich besser packen kann!" – „Aber, Großmutter, was hast du für ein entsetzlich großes Maul!" – „Dass ich dich besser fressen kann!" Kaum hatte der Wolf das gesagt, so tat er einen Satz aus dem Bette und verschlang das arme Rotkäppchen.

Wie der Wolf seinen Appetit gestillt hatte, legte er sich wieder ins Bett, schlief ein und fing an, überlaut zu schnarchen. Der Jäger ging eben an dem Haus vorbei und dachte: Wie die alte Frau schnarcht! Du musst doch sehen, ob ihr etwas fehlt. Da trat er in die Stube, und wie er vor das Bette kam, so sah er, dass der Wolf darin lag. „Finde ich dich hier, du alter Sünder", sagte er, „ich habe dich lange gesucht." Nun wollte er seine Büchse anlegen, da fiel ihm ein, der Wolf könnte die Großmutter gefressen haben und sie wäre noch zu retten, schoss nicht, sondern nahm eine Schere und fing an, dem schlafenden Wolf den Bauch aufzuschneiden. Wie er ein paar Schnitte getan hatte, da sah er das rote Käppchen leuchten, und noch ein paar Schnitte, da sprang das Mädchen heraus und rief: „Ach, wie war ich erschrocken, wie war's so dunkel in dem Wolf seinem Leib!" Und dann kam die alte Großmutter auch noch lebendig heraus und konnte kaum atmen. Rotkäppchen aber holte geschwind große Steine, damit füllten sie dem Wolf den Leib, und wie er aufwachte, wollte er fortspringen, aber die Steine waren so schwer, dass er niedersank und gleich tot war.

Der Jäger zog dem Wolf den Pelz ab und ging damit heim, die Großmutter aß den Kuchen und trank den Wein, den Rotkäppchen gebracht hatte, und erholte sich wieder. Rotkäppchen aber dachte: Du willst dein Lebtag nicht wieder allein vom Wege ab in den Wald laufen, wenn dir's die Mutter verboten hat.

WOLFSKLÖSSCHEN ZUM SICH-DEN-BAUCH-FÜLLEN

Überbackene Kartoffelklößchen

Zutaten für die Kartoffelklößchen:

750 g mehligkochende Kartoffeln
80 g Hartkäse
(Bergkäse oder Emmentaler)
50 g weiche Butter
100 g Weizenmehl
3 Eier
Salz, Pfeffer
1,5 l Wasser

Zutaten zum Überbacken:

130 g gekochter Schinken
1 Bund Petersilie
130 g Hartkäse
(Bergkäse oder Emmentaler)
30 g Butter
Butter für die Form

Zubereitung:

- Die Kartoffeln kochen und etwas abkühlen lassen. Danach schälen und durch eine Kartoffelpresse drücken.
- Den Käse fein reiben, die weiche Butter mit dem Mehl, Käse, den Eiern und den Gewürzen zu den Kartoffeln geben. Alles von Hand oder mit einem Handrührgerät zu einem glatten weichen Teig verkneten. Diesen 20 Minuten ruhen lassen.
- In einem breiten Topf ca. 1,5 l Wasser zum Kochen bringen und das Wasser leicht salzen. Aus dem Kartoffelteig mit einem in Mehl getauchten Löffel kleine Klöße ausstechen und im Salzwasser leicht simmernd kochen lassen. Danach mit einem Schaumlöffel herausheben und in eine kleine gebutterte Auflaufform schichten.
- Den Schinken feinwürfelig oder in Streifen schneiden und gleichmäßig über die Klöße verteilen. Die Petersilie fein schneiden und darauf verteilen. Den Käse fein reiben und darüberstreuen.
- Zum Schluss mit Butterflocken belegen. Alles im vorgeheizten Backofen bei 180 °C ca. 20 Minuten überbacken, bis die Oberfläche knusprig braun ist. Heiß servieren!

KLARAS TIPP

Lassen Sie die Kinder die ausgekühlten Kartoffeln schälen. Teig kneten ist immer wieder ein lustiges Erlebnis für die Kleinen.

KARTOFFELPIZZA NACH FÖRSTERART

Kartoffel-Tomaten-Pizza

Zutaten:

500 g mehligkochende Kartoffeln
100 g gekochter Schinken
300 g Tomaten
150 g geriebener Emmentaler
4 Eier
Salz
1 TL Oregano (getrocknet)
Butter für die Form

Zubereitung:

Die Kartoffeln kochen und abkühlen lassen. Danach schälen und in dünne Scheiben schneiden.

Eine flache Auflaufform mit Butter bestreichen. Die Kartoffeln darin gleichmäßig verteilen und leicht salzen.

Den Schinken feinwürfelig oder in Streifen schneiden und auf den Kartoffelscheiben verteilen. Die Tomaten in dünne Scheiben schneiden und darüberlegen. Dann den geriebenen Käse darüberstreuen.

Die Eier aufschlagen und mit Salz verquirlen. Über die vorbereitete Pizza gießen und mit Oregano bestreuen. Im vorgeheizten Backofen bei 200 °C ca. 15 Minuten backen.

KLARAS TIPP

Kinder können mit kleinen (nicht zu scharfen) Messern sehr gut umgehen. Das Schneiden der Kartoffeln schaffen sie jedenfalls, und auch das Schneiden von Schinken ist kein Problem.

GROSSMUTTERS KNUSPERNUDELN

Nudelauflauf mit Schinken

Zutaten:

200 g Fleckerlnudeln oder
Pasta tricolore
250 g gekochter Schinken
50 g Butter
20 g Mehl
400 ml Milch
Salz
Muskatnuss
4 Eier
20 g Semmelbrösel
50 g Parmesan
Butter für die Form

Zubereitung:

Die Nudeln in viel Salzwasser bissfest kochen.

Den Schinken in kleine Würfel schneiden.

Für die Béchamelsoße die Butter in einem Kochtopf zerlassen. Das Mehl zugeben, gut einrühren und hell anschwitzen lassen. Mit kalter Milch aufgießen und mit einem Schneebesen gut verrühren, damit keine Mehlklumpen entstehen. Die Béchamelsoße mit Salz und Muskatnuss würzen und gut abschmecken.

Die Eier trennen und das Eigelb in die noch heiße Soße einrühren. Die Schinkenwürfel zufügen und verrühren. Nun alles mit den gekochten Nudeln gut vermengen.

Das Eiweiß zu steifem Schnee aufschlagen und unter die Nudelmasse heben. Nochmals gut würzig abschmecken und in eine gebutterte Auflaufform füllen. Mit Parmesan bestreuen. Bei 180 °C ca. 25 Minuten backen.

KLARAS TIPP

Bunte Nudeln haben für Kinder immer einen besonderen Reiz. Auch kann die Hälfte des Schinkens durch buntes Gemüse der Saison ersetzt werden.

KLARAS TIPP

Die Kinder backen die Pfannkuchen, während Mama oder Papa die beiden Soßen zubereiten. Kinder lieben Pfannkuchen! Lassen Sie sie gleich ein paar mehr Pfannkuchen backen, dann gibt es eine Suppeneinlage in Form von Flädchen oder ein süßes Dessert!

PFANNKUCHENLASAGNE FÜR STARKE ZWERGE

Lasagne mit Hackfleisch und Gemüse

Zutaten für die Pfannkuchen:

250 ml Milch
2 Eier
Salz
150 g Dinkelvollkornmehl

Zutaten für die Fleischsoße:

100 g Zwiebeln
2 Knoblauchzehen
50 ml Olivenöl
200 g Wurzelgemüse
(Sellerie, Karotte, Pastinake ...)
600 g Hackfleisch, gemischt
200 ml klare Gemüse- oder
Fleischbrühe
40 g Tomatenmark
Salz
Oregano

Für die Béchamelsoße:

30 g Butter
40 g Mehl
500 ml Milch
Kräutersalz
Muskatnuss
Butter zum Fetten der Auflaufform
100 g Käse nach Belieben zum
Bestreuen

Zubereitung:

Für die Pfannkuchen Milch und Eier mit einem Schneebesen sehr gut verquirlen. Danach Salz und alles Mehl zugeben und gut unterrühren. Den Pfannkuchenteig eine halbe Stunde ziehen lassen.

In einer leicht gefetteten, beschichteten Pfanne einen kleinen Schöpflöffel Teig eingießen und über die gesamte Bodenfläche der Pfanne fließen lassen. Eine Seite hellbraun durchbacken, dann den Pfannkuchen wenden und die zweite Seite auch hellbraun backen.

Für die Fleischsoße die Zwiebeln und den Knoblauch schälen und fein würfeln. Das Öl in einem Topf erhitzen und Zwiebeln mit Knoblauch darin goldgelb anbraten.

Das Wurzelgemüse schälen und raspeln, zu den Zwiebeln geben und einige Minuten mitbraten.

Das Hackfleisch zugeben, gut braten und dann mit Brühe aufgießen. Das Tomatenmark einrühren, würzen und 20 Minuten langsam köcheln lassen, damit das Wurzelwerk schön weich wird.

Für die Béchamelsoße die Butter in einem kleinen Topf zerlassen. Das Mehl zugeben und unter Rühren hell anschwitzen lassen. Mit der Milch aufgießen und mit einem Schneebesen gut verrühren, damit keine Mehlklumpen entstehen. Die Soße mit Salz und Muskatnuss würzen und gut abschmecken.

Eine Auflaufform mit Butter ausfetten. Etwas von der Soße auf den Boden gießen und einen fertigen Pfannkuchen darauflegen. Dann, wie bei Lasagne, abwechselnd Fleisch- und Béchamelsoße darübergeben. Die oberste Schicht besteht aus Béchamelsoße und wird mit dem geriebenen Käse bestreut.

Alles im Backofen bei 180 °C ca. 15–20 Minuten überbacken, bis der Käse eine schöne braune Farbe hat.

SPIEGLEIN-AN-DER-WAND-PIZZA

Lustige Gemüsepizza

Zutaten für den Teig:

20 g Hefe
200 ml Wasser
150 g Weizenmehl
150 g Weizenvollmehl
7 g Salz

Zutaten für den Belag:

1 grüne Paprika
2 kleine Tomaten
1 Frühlingszwiebel
1 kleine rote Zwiebel
½ gelbe Paprika
100 g passierte Tomaten
(aus dem Tetrapak)
200 g geriebener Gouda
150 g Maiskörner
50 g Zucchini
5 g Oregano

Zubereitung:

Die Hefe in lauwarmem Wasser auflösen. Mehl und Salz dazugeben und von Hand oder mit einem Handrührgerät einen mittelfesten Hefeteig kneten. Dann den Teig mit einem Tuch abdecken und bis zum doppelten Volumen aufgehen lassen.

Die grüne Paprika in feine Streifen schneiden, die Tomaten halbieren. Die Frühlingszwiebel in Ringe schneiden, einige Zwiebelblätter ganz lassen. Die rote Zwiebel schälen und in Ringe schneiden. Ein gelbes Paprikastück dient als Nase.

Den aufgegangenen Teig auf ein mit Backpapier belegtes und bemehltes Backblech legen und in der Größe des Backblechs ausrollen. Mit den passierten Tomaten bestreichen. Mit einem Drittel des Käses bestreuen.

Nun das Gesicht mit dem vorbereiteten Gemüse gestalten. Aus der grünen Paprika werden die Haare, aus den Tomaten die Augen, die Zwiebelringe werden die Wangen, die Zwiebelrohre der Mund, die Zucchini die Ohren und die klein geschnittene Frühlingszwiebel die Augenbrauen. Den Mais auf die Wangen streuen. Das restliche Gemüse klein schneiden und als Bart anbringen.

Alles mit dem restlichen Käse und Oregano bestreuen. Kurz aufgehen lassen und im vorgeheizten Backofen bei 200 °C ca. 20 Minuten backen.

Leonie

Peter

MAX

Mia

Chrissi

KLARAS TIPP

Pizza belegen ist immer die Arbeit der Kinder. Und lassen Sie sie einfach so handeln, wie es ihnen gefällt, und das Gemüse aussuchen, das sie gern essen. Auf einem Kindergeburtstag kann auch für jedes Kind ein eigenes Gesicht gebacken werden. Änderungen können in der Haarfarbe (Paprikafarbe) oder anstelle von Mais mit Erbsen (grünes Gesicht) vorgenommen werden.

TISCHLEIN DECK DICH

Süße Schlemmereien aus dem Märchenland

Tischlein deck dich

Grimms Märchen „Tischlein deck dich" erzählt die Geschichte eines Schneiders, der mit seinen 3 Söhnen und einer Ziege zusammenlebt. Da sie von der Ziege mit Milch versorgt werden, muss diese jeden Tag auf die Weide und von den besten Kräutern fressen. Als nun der erste Sohn die Ziege gehütet hat und wieder heimwill, fragt er sie, ob sie denn gesättigt sei. Diese antwortet: „Ich bin so satt, ich mag kein Blatt: Mäh! Mäh!" Zu Hause angekommen, fragt ihn der Vater, ob die Ziege denn satt sei. Der Sohn bejaht dies. Doch der Vater will ihm nicht recht glauben, geht in den Stall und fragt die Ziege abermals, ob sie denn satt sei. Darauf diese: „Wovon sollt ich satt sein? Ich sprang nur über Gräbelein und fand kein einzig Blättelein: Mäh! Mäh!" Von dieser Antwort derart wütend, läuft er zu seinem Sohn und jagt ihn mit der Elle aus dem Haus. Am nächsten Morgen begibt sich der zweite Sohn mit der Ziege auf die Weide, und auch hier sagt diese vorm Heimweg wieder, dass sie satt sei. Am Abend jedoch geht der Vater abermals in den Stall, fragt die Ziege und sie antwortet wieder, dass sie kein Blättlein gefunden hätte. Voller Wut über die Lüge seines Sohnes jagt er auch diesen von dannen. Doch auch am nächsten Tag wiederholt sich die Geschichte mit seinem dritten Sohn. Nachdem der alte Schneider nun all seine Söhne als Lügner betitelt und aus dem Haus gejagt hat, ist er ganz allein mit seiner Ziege und muss sie selbst zur Weide geleiten. Auch bei ihm sagt die Ziege am Abend, dass sie satt sei, doch als er sie in den Stall bringt und noch einmal voller Überzeugung zu ihr sagt: „Nun bist du doch einmal satt!", erwidert die Ziege: „Wovon sollt ich satt sein? Ich sprang nur über Gräbelein und fand kein einzig Blättelein: Mäh! Mäh!" Verdutzt erkennt der Alte, dass er seine Söhne zu Unrecht verstoßen hat und seine Ziege an allem schuld sei. Als Strafe rasiert er den Kopf der Ziege kahl wie eine flache Hand und scheucht sie mit Peitschenhieben fort. Der Schneider, nun ganz allein, verfällt in tiefe Traurigkeit und wünscht sich seine Söhne wieder heim. Diese jedoch sind alle in die Lehre gegangen. Der Erste wurde Schreiner und bekam von seinem Meister zum Ende einen magischen Tisch zum Geschenk. Und immer, wenn er sagt: „Tischlein deck dich", stehen plötzlich die leckersten Gerichte auf dem Tisch. Erfreut von diesem Geschenk, will er wieder heimkehren zu seinem Vater. Doch als er auf seiner Reise in ein Gasthaus einkehrt, dort das

Kunststück vorführt und der Wirt im Schlaf das Tischlein austauscht, setzt er seinen Heimweg unbedachterweise mit einem falschen Tisch fort. Zu Hause angekommen, wird er von seinem Vater mit offenen Armen empfangen. Voller Freude erzählt der Sohn von seinem magischen Tischlein und bittet den Vater, die gesamte Verwandtschaft einzuladen, um ihnen ein Festmahl zu bereiten. Doch als alle da sind und der Sohn bei seinem Versuch, den falschen Tisch zu decken, kläglich scheitert, steht er wieder als Lügner da. Der zweite Sohn ging bei einem Müller in die Lehre und bekam zum Ende einen Esel. Sagt man zu diesem „Bricklebrit!", so speit er hinten und vorn goldene Taler aus. Doch auch ihm passiert das gleiche Unglück wie seinem Bruder. Er wird vom Wirt übers Ohr gehauen und blamiert sich vor seiner Verwandtschaft mit einem falschen Esel. Der dritte Sohn ging bei einem Drechsler in die Lehre. Als Geschenk erhielt er einen verzauberten Sack mit einem Knüppel darin. Sagt man zu diesem: „Knüppel aus dem Sack!", kommt der Schläger heraus und zieht den Übeltätern eins über die Ohren. Auf seiner Reise kommt auch dieser Bruder am Gasthaus vorbei und macht dem Wirt auf den Inhalt seines Sackes neugierig. Als dieser nun herausfinden will, was sich in ihm befindet, kommt der Knüppel heraus und schlägt ihn windelweich. Der Wirt, völlig eingeschüchtert, gibt Esel und Tischlein wieder heraus und lässt den dritten Sohn seinen Heimweg antreten. Bei seinem Vater angekommen, erzählt er von seiner List und gibt seinen Brüdern den Esel und das Tischlein wieder, und sie lebten vergnügt bis ans Ende ihrer Tage.

KNÖDEL AUS DEM SACK

Schwarz-weiße Nugatknödel

Zutaten:

80 g weiche Butter
250 g Magerquark
1 Ei
150 g Weizenmehl
Salz
150 g Nugat
60 g Kochschokolade
40 g Butter

Zubereitung:

Aus weicher Butter, Quark, Ei, Mehl und Salz einen geschmeidigen Teig kneten und 15 Minuten ruhen lassen.

Den Nugat in 12 gleich große Stücke schneiden. Den Teig auf eine bemehlte Arbeitsfläche geben und zu einer Rolle formen. Diese in ebenfalls 12 gleich große Stücke teilen.

Gleichmäßige Knödel formen und jeweils ein Nugatstück in die Mitte drücken.

In einem breiten Topf Wasser mit Salz aufkochen. Die Knödel hineinlegen und 10–15 Minuten zugedeckt ziehen lassen, bis sie an der Oberfläche aufschwimmen.

Inzwischen die Kochschokolade und die Butter in einem Tiegel im Wasserbad handwarm schmelzen. Die fertig gegarten Knödel auf einem Teller in Portionen anrichten. Das lauwarme Schoko-Butter-Gemisch in einen kleinen Kunststoffbeutel einfüllen und an einer Ecke mit einer Schere die Spitze des Beutels sehr klein abschneiden. Dann kreisförmig Schokolinien über die Knödel laufen lassen. Noch warm servieren.

KLARAS TIPP

Diese Knödel sind ein wahrer Hit für Kinder. Lassen Sie sie daher in jeder Phase mitarbeiten und auch ein wenig naschen und schlecken.

TISCHLEIN-DECK-DICH-SCHALE

Fruchtquark-Tiramisu

Zutaten:

3 Blatt Gelatine
250 g Magerquark
10 g Vanillezucker
150 g Zucker
Saft und Schale einer
ungespritzten Zitrone
250 g süße Sahne
200 g Beeren oder
Früchte der Saison
100 g Löffelbiskuits
200 ml Milch
20 g Kochschokolade
für Schokoraspel

Zubereitung:

🍥 Die Gelatineblätter in kaltem Wasser einweichen.

🍥 Den Quark mit Zitronenschale, Vanillezucker und Zucker cremig rühren.

🍥 Die weichen Gelatineblätter in Zitronensaft auf kleiner Flamme zur Gänze auflösen. Danach einen Löffel der Quarkcreme in die Gelatine einrühren, damit diese etwas abkühlt. Erst dann alles zur Quarkcreme geben und sehr gut verrühren.

🍥 Die süße Sahne steif schlagen und unter die Quarkcreme heben.

🍥 Das Obst je nach Art (z. B. Aprikosen entsteinen und klein schneiden) vorbereiten und auf kleine Gläser verteilen. Danach etwas Creme darübergeben.

🍥 Die Löffelbiskuits in Milch tauchen, in Stücke brechen und auf die Creme schichten. Darauf kommt wieder eine Schicht Creme. Dies wird so lange fortgesetzt, bis alles verbraucht ist.

🍥 Die Gläser 2–3 Stunden kalt stellen. Vor dem Servieren mit einem Kartoffelschäler Schokolade auf die Creme raspeln.

KLARAS TIPP

Da Kinder es bunt lieben, können auch unterschiedliche Obstfarben verwendet werden. Zudem arbeiten Kinder sehr gern mit Küchengeräten. Lassen Sie sie daher ganz einfach mixen. Sind keine kleinen Gläser zur Hand, kann dieses Dessert auch in eine mit Frischhaltefolie ausgelegte Kastenform geschichtet werden. Nach dem Erkalten stürzen und in Scheiben geschnitten anrichten.

OBSTPUDDING FÜR GOLDESEL

Obst im Schlafrock

Zutaten:

300 g frische Früchte (Apfelwürfel,
Erdbeeren, Pflaumen, Birnen,
Kirschen, Aprikosen ...)
200 ml Apfelsaft
40 g Zucker
10 Löffelbiskuits
30 g Vanillepuddingpulver
400 ml Milch
30 g Zucker

Zubereitung:

🍧 Die Früchte in mundgerechte Stücke schneiden, den Apfelsaft mit dem Zucker vermischen, die Früchte hineingeben und 30 Minuten durchziehen lassen. Den Obstsalat gleichmäßig auf hübsche Gläser verteilen.

🍧 Die Löffelbiskuits in Stücke brechen und darauf verteilen, damit sie durchziehen können.

🍧 Das Puddingpulver mit 50 ml Milch und dem Zucker glatt rühren.

🍧 Die restliche Milch in einem kleinen Kochtopf aufkochen.

🍧 Die Puddingpulvermilch eingießen und unter ständigem Rühren mit einem Schneebesen einmal gut aufkochen lassen.

🍧 Den Pudding noch heiß über das Biskuit-Fruchtsalat-Gemisch gießen. Pudding zugedeckt auskühlen lassen, damit keine dicke Haut entsteht.

KLARAS TIPP

Dieses bunte Dessert mit regionalem und saisonalem Obst können Kinder sehr bald allein zubereiten, worauf sie immer sehr stolz sind.

ZAUBERHAFTE APRIKOSENKLÖSSE

Aprikosenklöße mit Nussbröseln

Zutaten:

80 g weiche Butter

250 g Magerquark

1 Ei

150 g Weizenmehl

Salz

8 frische Aprikosen

30 g Butter

30 g Weißbrotbrösel

40 g Zucker

Zubereitung:

🍥 Aus weicher Butter, Quark, Ei, Mehl und Salz einen geschmeidigen Teig kneten. Den Teig 15 Minuten ruhen lassen. Dann den Teig auf einer bemehlten Arbeitsfläche zu einer Rolle formen und diese in 8 gleich große Stücke teilen. Gleichmäßige Knödel formen.

🍥 Jeweils eine Aprikose in die Mitte geben, mit dem Teig umhüllen und zu schönen runden Klößen formen.

🍥 In einem breiten Topf Wasser mit Salz aufkochen, die Klöße hineinlegen und 10–15 Minuten zugedeckt ziehen lassen, bis sie an der Oberfläche aufschwimmen.

🍥 Inzwischen die Butter zerlassen, Semmelbrösel und Zucker dazugeben und gut durchrühren. Die fertig gegarten Klöße darin wälzen und warm servieren.

KLARAS TIPP

Die Kinder kneten sehr gern Teig und formen auch mit großer Freude Klöße. Also lassen Sie sie dabei Hand anlegen. Anstelle von Aprikosen kann man je nach Jahreszeit auch beliebig anderes Obst verwenden.

EINHORNS REISAUFLAUF

Quark-Reis-Auflauf

Zutaten:

400 ml Milch
100 g Reis
Salz
60 g Butter
60 g Puderzucker
4 Eigelb
250 g Magerquark
2 Eiweiß
Butter zum Fetten der Backformen
200 g Kompottkirschen
Schale einer ungespritzten Zitrone
2 Eiweiß
100 g Puderzucker

Zubereitung:

Die Milch in einem Kochtopf aufkochen. Reis und Salz dazugeben und einmal kräftig aufkochen lassen. Danach auf die kleinste Stufe zurückschalten und unter mehrmaligem Umrühren ca. 20 Minuten leicht köcheln lassen. Nun den Herd ausschalten, 10 Minuten fertig ziehen lassen und dann gut abkühlen.

Butter, Zucker und Eigelb gut schaumig rühren. Den Magerquark, die Zitronenschale und den gegarten Reis dazugeben und alles gut vermischen.

Aus 2 Eiweißen einen festen Eischnee schlagen und unter die Reismasse ziehen.

4 Auflaufförmchen mit Butter einfetten und die Kompottkirschen gleichmäßig auf die Förmchen aufteilen.

Die Reismasse einfüllen und alles im vorgeheizten Backofen bei 170 °C ca. 15–20 Minuten backen.

Inzwischen die restlichen beiden Eiweiße mit Puderzucker steif schlagen. Mithilfe einer Spritztüte auf die Aufläufe verteilen und bei 210 °C nochmals ca. 5 Minuten überbacken.

KLARAS TIPP

Kinder sind sehr kreativ. Lassen Sie sie ihre Schneehaubenmuster allein machen – ganz gleich, ob auf Portionsformen oder auf größeren Portionen. Auch die Früchte sind jahreszeitlich variabel.

SÜSSER SPIESS FÜR HONIGBÄREN

Obst am Spieß

Zutaten:

800 g Früchte (Weintrauben, Erdbeeren, Äpfel, Aprikosen, Pfirsiche, Bananen, Kiwis)
Saft einer ½ Zitrone zum Beträufeln
kleine Holzspieße
250 g Naturjoghurt (alternativ:
125 g Naturjoghurt und
125 g Sauerrahm)
2 EL Honig
Saft ½ Zitrone
½ TL Vanillezucker
1 Messerspitze Zimt
½ TL Kakaopulver

Zubereitung:

- Die Früchte vorbereiten und wenn nötig schälen, teilen und in mundgerechte, gleich große Stücke schneiden. Früchte wie Bananen und Äpfel, die sich sehr rasch braun färben, mit dem Saft der halben Zitrone beträufeln.
- Das Obst farblich abgestimmt abwechselnd auf die kleinen Holzspieße stecken. Diese mit Frischhaltefolie zudecken und bis zum Servieren in den Kühlschrank stellen.
- Für die Dips den Joghurt mit Honig und dem Saft der zweiten Zitronenhälfte verrühren. Danach dritteln: ein Drittel mit Vanillezucker verrühren, das zweite Drittel mit Zimt und das dritte Drittel mit Kakaopulver.
- Die süßen Dips in netten Schalen anrichten und mit den Fruchtspießen auf einer Platte servieren.

KLARAS TIPP

Kinder arbeiten sehr gern mit kleinen Ausstechern. So könnten aus den passenden Früchten kleine Herzen oder Blüten ausgestochen werden. Die Reste verwendet man für Obstsalat.

HÄNSEL UND GRETEL

Backwerk für das Hexenhaus

Hänsel und Gretel

Am Rande eines großen Waldes wohnte ein armer Holzhacker mit seiner Frau und seinen zwei Kindern, Hänsel und Gretel. Sie waren so arm, dass sie oft nichts zu essen hatten. Als nun eine Teuerung kam, mussten sie jeden Abend hungrig zu Bett gehen. In ihrer Not beschlossen die Eltern, die Kinder am nächsten Morgen in den Wald zu führen und sie dort zurückzulassen. Gott sollte ihnen weiterhelfen. Aber Hänsel schlief nicht und hörte alles. Am nächsten Tag, als sie in den Wald gingen, streute er kleine Steinchen auf den Weg. Die Kinder blieben im Wald zurück, aber sie konnten durch die Steinchen den Rückweg ins Elternhaus finden. Ein anderes Mal, als die Not wieder groß war, wollten die Eltern ihre Kinder wieder in den Wald führen. Hänsel hörte wieder alles und wollte nachts heimlich Steinchen sammeln, um sie auf den Weg zu streuen. Aber die Haustür war verschlossen. Am nächsten Tag nahm er sein letztes Stück Brot und streute kleine Bröckchen davon auf den Weg. So hoffte er, den Rückweg aus dem Wald zu finden. Die Kinder blieben allein im Wald zurück. Sie suchten nach den Brotbröckchen, aber die Vögel hatten alle aufgepickt. So fanden Hänsel und Gretel ihren Weg nach Haus nicht mehr und verirrten sich immer tiefer im Wald. Sie schliefen unter einem Baum, und am nächsten Morgen standen sie hungrig auf, um weiter nach dem Weg zu suchen. Plötzlich sahen sie ein seltsames kleines Häuschen. Es war aus Brot gebaut, das Dach war mit süßen Kuchen gedeckt und die Fenster waren aus hellem Zucker. Voll Freude brachen sich die hungrigen Kinder Stücke von dem Dach ab und bissen hinein.

Da hörten sie eine feine Stimme aus dem Häuschen: „Knusper, knusper, Knäuschen, wer knuspert an meinem Häuschen?" Die Kinder antworteten: „Der Wind, der Wind, das himmlische Kind", und ließen sich beim Essen nicht stören.

Da öffnete sich plötzlich die Tür und eine hässliche, steinalte Frau mit einem Stock kam heraus. Die Kinder erschraken furchtbar, aber die Alte wackelte mit dem Kopf und sagte ganz freundlich: „Ei, ihr lieben Kinder, kommt nur in mein Häuschen und bleibt bei mir. Ich tue euch nichts." Da vergaßen die Kinder ihre Angst und gingen mit der Alten ins Haus, wo sie gutes Essen und weiche Betten zum Schlafen fanden.

Die Alte war aber eine böse Hexe, obwohl sie zu den Kindern so freundlich gesprochen hatte. Sie wartete nur darauf, dass kleine Kinder zu ihrem Kuchenhäuschen kamen. Diese Kinder fing sie dann, um sie zu braten und zu fressen.

Am nächsten Morgen sperrte die Hexe den armen Hänsel in einen kleinen Stall. Gretel musste im Haus helfen und Hänsel Essen bringen, damit er fett wurde; denn die Hexe wollte ihn erst auffressen, wenn er fett genug war. Jeden Morgen musste Hänsel seinen Finger durch das Gitter stecken und die Hexe fühlte, ob er fett geworden war. Hänsel aber war nicht dumm und steckte einen Knochen oder ein Holzstückchen heraus. Die Alte merkte es nicht, weil sie so schlecht sah, und wunderte sich nur darüber, dass der Junge so mager blieb.

Eines Tages aber wurde sie ungeduldig und heizte den Backofen, um Hänsel zu braten. Gretel weinte, während sie Wasser holte. Jetzt sagte die Alte zu Gretel: „Nun sieh nach, ob das Feuer im Ofen richtig brennt!" Sie wollte aber das Mädchen in den Ofen stoßen und auch braten. Gretel merkte das und sagte: „Ich weiß nicht, wie ich das machen soll!" – „Dumme Gans!", rief die Hexe. „Du musst nur so hineinkriechen", und sie steckte selbst ihren Kopf in den Ofen. Da stieß Gretel mit aller Kraft die Hexe in den Ofen hinein und schlug die Tür hinter ihr zu. Die böse Alte schrie und heulte entsetzlich, aber es half ihr nichts, sie musste in ihrem eigenen Backofen verbrennen.

Nun befreite Gretel schnell ihren Bruder aus dem Stall. Sie sangen und tanzten vor Freude, weil die böse Hexe tot war. Im Häuschen fanden sie Gold und Edelsteine und füllten sich alle Taschen. Nun machten sie sich auf und fanden auch bald den Weg nach Hause. Die Eltern der beiden saßen traurig zu Hause, denn es hatte ihnen schon lange leidgetan, dass sie ihre Kinder in den Wald geschickt hatten. Wie froh waren sie jetzt, als die Kinder ins Haus traten! Alle Not hatte nun ein Ende, denn die Kinder hatten ja so viele Reichtümer mitgebracht, und sie lebten glücklich zusammen.

GRETELS PFIRSICHSCHNITTEN

Obstkuchen mit Pfirsichen

Zutaten für den Teig:

4 Eier
1 Tasse Mineralwasser
1 Tasse Öl
2 Tassen Zucker
1 Pck. Vanillezucker
3 Tassen Weizenmehl (oder Dinkel-vollmehl)
1 Pck. Backpulver

Zutaten für die Fruchtmasse:

4 Blatt Gelatine
1,5 kg Pfirsiche
500 ml Apfelsaft
1 Pck. Vanillepudding

Zutaten für die Sahnemasse:

4 Blatt Gelatine
2 Becher Schlagsahne
1 Pck. Vanillezucker
1 Becher saure Sahne
100 g Zucker
Saft einer halben Zitrone
Zimt und Zucker zum Bestreuen

Zubereitung:

- Die Eier trennen und das Eiweiß mit der Hälfte des Wassers steif aufschlagen.
- Die Eigelbe mit Öl, Wasser, Zucker und einem Päckchen Vanillezucker mit einem Handrührgerät schaumig aufschlagen. Mehl und Backpulver unterziehen, danach den Eischnee vorsichtig unterheben.
- Den Teig auf ein mit Backpapier belegtes Backblech gleichmäßig aufstreichen und im vorgeheizten Backofen bei 180 °C ca. 25–30 Minuten backen.
- Für die Fruchtmasse 4 Gelatineblätter in kaltem Wasser einweichen.
- Die Pfirsiche entkernen, schälen und in kleine Würfel schneiden. Mit der Hälfte des Apfelsaftes aufkochen. In den restlichen Apfelsaft den Vanillepudding einrühren und aufkochen, dann alles in die kochende Pfirsich-Apfelsaft-Mischung eingießen. Mit einem Schneebesen ständig rühren, bis die Masse einmal gut aufgekocht ist. Nun die zuvor eingeweichten Gelatineblätter dazugeben und alles gut verrühren, damit diese sich auflösen. Den Fruchtpudding abkühlen lassen.
- Die Fruchtmasse auf dem gebackenen Teig gleichmäßig verteilen und für 30 Minuten kühl stellen.
- Für die Sahnemasse 4 Gelatineblätter in kaltem Wasser einweichen.
- Die Sahne steif aufschlagen.
- Vanillezucker und saure Sahne mit dem Zucker gut verrühren.
- Die Gelatine mit dem Zitronensaft auf kleiner Flamme gut auflösen. Dann einen Löffel der Saure-Sahne-Masse dazugeben und verrühren.
- Nun alles zur Saure-Sahne-Creme geben und unterrühren.
- Die geschlagene Sahne vorsichtig unterheben.
- Die Sahnemasse über die Fruchtmasse verteilen und glatt streichen. Leicht mit Zimt überpudern (Sieb) und mit Zucker bestreuen, dann den Kuchen 2–3 Stunden kalt stellen.

KLARAS TIPP

Tassenkuchen sind für Kinder zum Selbstbacken sehr gut geeignet. Da ist alles übersichtlich vorbereitet und es geht leicht von der Hand.

Hänsel und Gretel

HEXEN-MUFFINS

Kartoffel-Schokolade-Muffins

Zutaten:

300 g mehligkochende Kartoffeln
4 Eier
150 g Puderzucker
1 Prise Salz
Schale ½ ungespritzten Zitrone
100 g Weizenmehl
1 Pck. Backpulver
150 g gemahlene Haselnüsse
100 g Schokolade
80 g Butter
Mandelblättchen

Zubereitung:

🧑‍🍳 Die Kartoffeln kochen und abkühlen lassen. Danach schälen und durch eine Kartoffelpresse drücken.

🧑‍🍳 Die passierten Kartoffeln mit den Eiern, dem Puderzucker, Salz und der Zitronenschale mit einem Handmixer zu einer dickcremigen Masse aufschlagen.

🧑‍🍳 Das Mehl mit Backpulver mischen und zusammen mit den geriebenen Haselnüssen unter den Rührteig heben.

🧑‍🍳 Die Masse in Papiermanschetten oder gefettete metallene Muffinformen füllen und im vorgeheizten Backofen bei 180 °C 15–20 Minuten backen.

🧑‍🍳 Für die Schokoglasur die Schokolade mit der Butter im Wasserbad erwärmen und glatt rühren. Die Muffins mit der Oberfläche in die Glasur tauchen und mit Mandelblättchen bestreuen.

KLARAS TIPP

Spannend ist das Entstehen dieses Rührteigs. Die zuerst flüssige Masse wird durch das Mixen nach kurzer Zeit dickschaumig, was Kinder sehr begeistert. Den Teig dann am besten mit einem Spritzbeutel ohne Tülle in die Formen füllen.

HÄNSEL-UND-GRETEL-BUCHTELN

Hefebuchteln mit Aprikosenmarmelade

Zutaten:
500 g Weizenmehl
10 g Salz
20 g Hefe
2 Eier
250 ml Milch
200 g Aprikosenmarmelade
100 g Zucker
150 g Butter
Zucker zum Tauchen

Zubereitung:
🍤 Das Mehl mit dem Salz mischen, die Hefe dazugeben. Die Eier mit der Milch verquirlen, Zucker einrühren und alles mit dem Mehl mischen. 50 g Butter zerlassen und lauwarm dazugeben.

🍤 Alles gut kneten, bis sich der Teig von der Schüssel löst.

🍤 Die Oberfläche mit etwas Mehl bestäuben und an einem warmen Ort ca. 30 Minuten zugedeckt gehen lassen.

🍤 100 g Butter in einer Schüssel erwärmen.

🍤 Den aufgegangenen Hefeteig nicht kneten, auf einer bemehlten Fläche ca. 1 cm dick ausrollen und mit einem Teigrad in ca. 7 x 7 cm große Stücke teilen.

🍤 Auf jedes Teigstück einen kleinen Löffel Aprikosenmarmelade setzen. Dann die Teigstücke mit den Fingern zusammenfalten, in die erwärmte Butter und dann in den Zucker tauchen. Mit der Zuckerfläche nach oben in eine Backform legen.

🍤 Die gezuckerten Buchteln in der Form nochmals ca. 20 Minuten gehen lassen. Im vorgeheizten Backofen bei 180 °C ca. 30–40 Minuten backen.

KLARAS TIPP

Lustig sehen die Buchteln auch aus, wenn diese mit der Öffnung nach oben in Butter und Zucker getaucht und so in die Form gelegt werden.

HEXENHAUS-KNUSPERPIZZA

Süße Obstpizza

Zutaten für den Teig:
350 g Weizenmehl oder Dinkelvollkornmehl
Salz
20 g Hefe
2 Eigelb
¼ l Milch
60 g Zucker
60 g Butter

Zutaten für den Belag:
1 kg Obst nach Saison (Aprikosen,
Zwetschgen, Äpfel, Weintrauben,
Himbeeren, Mandarinen ...)
80 g Butter
100 g Mehl
80 g Puderzucker
1 Prise Zimt

Zubereitung:
- Das Mehl mit Salz mischen, die Hefe dazugeben. Die Eigelbe mit der Milch verquirlen, Zucker einrühren und alles mit dem Mehl mischen. Die Butter zerlassen und lauwarm dazugeben.
- Diese Masse gut kneten, bis sich der Teig von der Schüssel löst. Die Oberfläche mit etwas Mehl bestäuben und an einem warmen Ort ca. 30 Minuten zugedeckt gehen lassen.
- In der Zwischenzeit das Obst vorbereiten.
- Den aufgegangenen Teig auf einem Blatt Backpapier zu einem Rechteck ausrollen und auf ein Backblech legen.
- Den Teig mit dem Obst gleichmäßig belegen.
- Für die Streusel die Butter zerlassen und mit einer Gabel Mehl und Zucker darin verrühren, sodass eine bröselige Masse entsteht. Dann den Zimt unterrühren.
- Die Streusel gleichmäßig auf dem Obstkuchen verteilen und leicht aufgehen lassen. Dann im vorgeheizten Backofen bei 180 °C ca. 25 Minuten backen.

KLARAS TIPP

Mit dem Obst Gesichter auf die Teigplatte legen macht einen Riesenspaß, das Obst lacht einen dann geradezu von der Pizza an.

GRETELS ZAUBERGUGELHUPF

Kleiner Schokogugelhupf

Zutaten für den Teig:
Butter zum Einfetten
Semmelbrösel
40 g Löffelbiskuits
100 g Mandeln
100 g Schokolade
6 Eier
100 g Butter
100 g Zucker

Zutaten für die Schokosoße:
200 g Schokolade
125 ml Wasser
40 g Butter
60 g Zucker

Zubereitung:
- Eine kleine Gugelhupfform gut fetten und mit Bröseln ausstreuen.
- Die Löffelbiskuits in der Küchenmaschine fein reiben oder zwischen ein Blatt Backpapier legen und mit einem Nudelholz fein zerbröseln.
- Die Mandeln fein reiben.
- Die Schokolade im Wasserbad verflüssigen.
- Die Eier trennen und aus dem Eiweiß einen festen Schnee schlagen.
- Butter, Zucker und Eigelbe schaumig schlagen, die Schokolade zugeben und gut verrühren. Den Eischnee sowie die Mandeln und Biskuitbrösel unterheben. Alles in die Form füllen und im Backofen bei 180 °C ca. 25 Minuten backen. Kurz auskühlen lassen und danach stürzen.
- Für die Schokosoße alle Zutaten im Wasserbad langsam erhitzen und gut rühren. Den Gugelhupf damit übergießen und lauwarm servieren.

KLARAS TIPP

Den Gugelhupf nach dem Überziehen mit der Soße mit bunten Zuckerstreuseln bestreuen.

SÜSSER HÄNSELFINGER

Kartoffelfinger mit Mohn oder Nüssen

Zutaten:

500 g mehligkochende Kartoffeln
50 g weiche Butter
1 Ei
100 g Weizenmehl
30 g Grieß
Salz
5 g Vanillezucker
Rapsöl zum Backen
50 g gemahlener Mohn
oder gemahlene Nüsse
40 g Zucker

Zubereitung:

Die Kartoffeln dämpfen und abkühlen lassen. Danach schälen und durch eine Kartoffelpresse drücken.

Die weiche Butter, das Ei, Mehl, Grieß, Salz und Vanillezucker zu den Kartoffeln geben und von Hand zu einem weichen Teig verkneten. Diesen 10 Minuten durchziehen lassen.

Das Öl in einer Pfanne erhitzen. Den Kartoffelteig auf eine bemehlte Arbeitsfläche geben und zu einer Rolle mit einem Durchmesser von ca. 5 cm formen, von dieser 1 cm dicke Scheiben abschneiden. Die Teigstücke mit den Fingern längs zu gleichmäßigen fingerlangen Rollen formen. Im heißen Fett braten und wenden. Sobald beide Fingerseiten goldbraun sind, mit einem Siebschöpfer herausnehmen und auf Küchenkrepp abtropfen lassen.

Gemahlenen Mohn und Zucker vermengen und beim Anrichten über die köstlichen Kartoffelfinger streuen.

KLARAS TIPP

Kinder lieben Teige und formen diese mit Begeisterung. Daher ein wenig Mehl auf die Arbeitsfläche geben und die Kartoffelfinger in der von den Kindern gemachten Größe backen und mit Mohnzucker servieren. Anstelle von Mohn können auch Nüsse verwendet werden.

BUCHTIPPS

ZUM AUSPROBIEREN UND GENIESSEN

Irina Frank
Cake Pops

150 Seiten, Klappenbroschur
ISBN 978-3-8404-7024-0
Auch als E-Book erhältlich

Eva Maria Lipp
Ingrid Fröhwein
DUFT-BROTE

128 Seiten, Softcover
ISBN 978-3-8404-7041-7
Auch als E-Book erhältlich

Angelina Paustian
MANGA KOCHBUCH BENTÔ

112 Seiten, Softcover
ISBN 978-3-8404-7042-4
Auch als E-Book erhältlich

Eva Maria Lipp
Eva Schiefer
KREATIVE KÜRBIS-KÜCHE

128 Seiten, Softcover
ISBN 978-3-8404-3520-1
Auch als E-Book erhältlich

Eva Maria Lipp
Ingrid Fröhwein
HAUSGEMACHT KANN ICH SELBER … EINFACH KÖSTLICH!

144 Seiten, Spiralbindung
ISBN 978-3-8404-7032-5
Auch als E-Book erhältlich

Cadmos Verlag
Röntgenstr. 24 | 21493 Schwarzenbek
www.avbuch.at | www.cadmos.de